필리핀 사회적경제에서
배우는 변화의 힘:

빈곤과 기후위기를 넘어 지속가능한 미래로

일러두기

*본문에 실린 사진자료는 대부분 한신대사회혁신경영대학원 필리핀 연수단이 직접 촬영한 것으로 별도의 저작권 표시를 하지 않았으며, 기타 자료로 사용된 사진은 캡션에 출처를 밝혔다.

필리핀 사회적경제에서
배우는 변화의 힘:
빈곤과 기후위기를 넘어 지속가능한 미래로

글

이상헌
유한나
신수경
구가온
김서연
양경애
오봉석
우태식
이슬기
장승은

여는길

차례

들어가며	필리핀에서 아시아 사회적경제의 가능성을 묻다 _ 이상헌	6
추천사1	사회적경제로 이어진 인연: 한신대와 캠프의 필리핀 사업 _ 이철용	14
추천사2	사회적경제 연구와 실천: 필리핀과 한국의 만남 _ 마리 리사 다카나이	17

1장 개발도상국의 사회적경제

개발도상국의 사회적경제가 가지는 의미: 탈식민주의와 탈성장주의
_ 이상헌 22

2장 필리핀의 사회적경제

필리핀 협동조합의 힘 _ 신수경 40

민다나오 CDA 와 지역 협동조합 인터뷰 _ 신수경 70

필리핀 사회적기업의 정체성과 시사점 _ 유한나 76

루츠 콜렉티브 (Roots Collective): 매력적인 뉴젠 (New-Gen)
사회적기업 편집숍 방문 리포트 _ 양경애 102

3장 캠프 아시아(CAMP Asia):
   사회적경제를 통한 국제개발협력 실천 사례

   변화를 만드는 힘: 국제개발 NGO 캠프 아시아(CAMP-ASIA) _ 우태식 **114**
   봉제협동조합 익팅(Igting) 방문 리포트 _ 장승은 **123**
   네이처 링크 올가(ORGA): 유기농 친환경 식품 전문 매장 방문 리포트 _ 양경애 **136**
   Box 조직화와 연대의 힘 : 캠프가 주목한 필리핀 도시빈민 운동 _ 오봉석 **141**

4장 민다나오의 지속가능한 농업

   필리핀농업의 위기와 극복 _ 김서연 **154**
   민다나오의 지속가능한 농업을 이끄는 사람들
      –지속가능한 민다나오를 위한 전략: 민다나오 개발청(MinDA) _ 이상헌 **167**
      –지속가능한 농업을 위한 두리안 시범농장의 실험과 도전 _ 구가온 **176**
      –대학과 지역사회의 협력 : 서던 민다나오 대학을 중심으로 _ 이슬기 **184**
   Box 민다나오의 발전과 도전: 빔프이아가(BIMP-EAGA)를 중심으로 _ 이상헌 **192**

나가는 말 무엇을 배울 것인가: 필리핀 사회적경제와의 대화 _ 유한나 **197**

참고자료 **200**

저자소개 **209**

들어가며

필리핀에서 아시아 사회적경제의 가능성을 묻다

이상헌_ 한신대 사회혁신경영대학원 교수

   한신대학교 사회혁신경영대학원에서는 2014년 개원한 이래 매년 1회, 사회적경제, 도시혁신 등을 주제로 해외 탐방 프로그램을 운영해왔다. 사회적경제나 도시혁신 관련한 외국의 선진지(先進地) 견학을 하고 그 결과물을 단행본으로 출간하였다. 지금까지 다녀온 선진지는 영국, 독일, 이태리, 스페인, 미국 등이다. 탐방의 효과를 높이기 위해 한 학기 동안 탐방할 지역의 사회적경제와 도시혁신에 대한 내용을 아예 수업으로 지정해서 충분히 학습하고 질문을 만들어서 방문을 하고자 하였다. 그리고서는 다시 단행본을 만들기 위해 원고를 작성하고, 토론하고, 수정하는 과정을 거치게 된다. 이 단행본은 그러한 노력의 결과물이다.

   그런데, 왜 필리핀인가? 지금까지 우리 대학원의 선진지 탐방은 대체로 유럽과 미국에 국한되어 있었다. 2018년 무렵에 대만을 아주 짧게 탐방한 경우가 있었으나, 여러 가지 사정이 있어서 결과물을 단행본으로 출간하지 못했다. 그래서 아시아의 사회적 경제에 대한 탐방이 필요하다는 문제의식이 계속 있었다.

아시아의 여러 지역 중에서 굳이 필리핀을 선택한 이유는 우선, 한신대학교와의 인연 때문이다. 한신대학교는 2013년에서 2014년까지 2년에 걸쳐, 캠프 아시아(CAMP Asia)와 더불어 필리핀에서 KOICA(한국국제개발협력단)가 지원하는 국제개발협력 사업을 함께 수행하였다. 이 책의 추천사를 써주신 이철용 대표가 책임자였고, 필자가 중간관리자 역할을 담당했으며, 한신대학교 졸업생을 비롯한 여러 명의 인원이 현지에서 활동을 하였다. 대상 지역은 이 책에서 소개된 타워빌(Towerville) 지역이었다. 풍수해와 도시철도 건설 사업으로 인한 강제 철거민들의 역량강화, 직업훈련, 탁아 및 보건사업 프로그램 등을 수행하면서 특히 협동조합의 방식을 적극적으로 활용하였다. 사회적경제 방식을 활용한 국제개발협력 사례로서 타워빌 사례는 매우 긍정적인 평가를 받았다. 관련 논문들이 이 사례를 우호적으로 평가했으며, KOICA에서도 우수 사례로 선정되기도 하였다. 따라서 필리핀을 아시아 지역의 대표적 탐방지로 선택하여 이를 좀 더 깊이 살펴보면 우리나라를 포함한 아시아 지역에 의미있는 시사점이 도출될 수 있을 것이라고 판단하였다.

두 번째로 필리핀과 한국은 식민지 경험(필리핀의 경우 한국에 비해 거의 10배 이상의 시간이었지만), 장기간의 독재정치, 민주화 운동의 경험, 미국의 대(對) 아시아 전략과 관련하여 외교적으로 중요하게 활용된 측면이 있다는 점 등에서 유사한 경험을 공유하고 있다. 그래서 우리에게 필리핀은 친근하고 익숙하지만 대체로 단편적인 인상에 그치는 경우가 대부분이다. 아름다운 자연경관을 가진 휴양지, 미국보다 훨씬 저렴하게 다녀올 수 있는 해외 영어 연수지, 조기(早期) 유학하기 좋은 곳, 범죄자들의 도피처, 마약과의 전쟁과 공포정치가 존재하는 곳, 심각한 빈부격차가 계속 유지되는 나라, 한국 유학생이나 주재원들과 필리핀 여성 사이에서 탄생한 코피노(Kofino)가 이슈가 되는 나라, 한국인 납치나 범죄 사건이 종종 일어나는 사회 등이 그러한 예이다. 부분적으로 맞는 면도 있지만, 상당한 오해가 있는 경우도 많다. 우리나라에도 필리핀 사회에 대한 다양한 연구들이 많이 있지만, 그 내용이 대중적으로 널리 알려진 것 같지는 않다. 그래서 모두가 약간의 편견을 가진 채로 필리핀 사회를 단편적으로만 이해하고 있는 것 같다. 사회적경제 역시 마찬가지다. 필리핀 협동조합에 대한 연구가 일부 있지만, 서구의 사회적경제에 대한 연구들에 비하면 거의 없다고 해도 과언이 아닐 정도다. 그래서 우리가 이번 탐방 결과를 대중적으로 알리는 것도 의미가 있을 것이라고 판단하였다.

    한 학기 동안 관련 자료들과 문헌들을 공부하고, 핵심적인 관계자, 기관, 단체들을 방문하여 인터뷰하고 원고를 작성했음에도 불구하고, 당연히 미흡한 점이 많이 있을 것이다. 우리가 살펴본 것이 필리핀 사회적경제를 모두 설명하는 것도 아니다. 다만, 우리가 그동안 서구의 사회적경제에 비해 다소 등한시했던 아시아적 맥락의 사회적경제의 모습을 최대한 담으려고 노력하였다.

책의 첫머리에서는 필리핀과 같은 이른바 개발도상국에서 사회적경제가 가지는 의미를 다소 추상적인 차원에서 설명하고자 하였다. 핵심은 소위 선진국의 발전 패러다임이 실제로 감추고 있는 식민주의적 유산(특히 자원과 노동력을 수탈하는 추출주의)과 성장 패러다임에 대한 문제제기로서 개발도상국 사회적경제가 의미를 가질 수 있다는 것을 제안하였다. 즉, 모든 개발도상국의 사회적경제가 탈식민주의, 탈성장주의적 함의를 가질 수 있는 가능성이 존재한다는 주장이다. 이는 탐방의 결과라기보다는 다분히 이번 탐방의 의의를 염두에 두고 작성된 담론이라고 볼 수 있다.

두 번째 파트에서는 필리핀 사회적경제의 법, 제도적 측면과 실제 우리가 탐방한 내용을 소개하고 있다. 필리핀 협동조합의 역사나 설립 과정과 절차, 협동조합 유형, 제도적 환경 등을 비교적 소상하게 소개하고 있다. 그리고 민다나오에서 만났던 민다나오 협동조합개발청(CDA) 직원들과의 인터뷰를 실었다. 이어서 아직 완전히 입법화되지는 않았지만 거의 제도화된 필리핀 사회적기업의 정체성과 시사점들을 일목요연하게 정리해보았다. 필리핀 사회적기업의 가장 중요한 정체성은 빈곤층을 주요 이해관계자로 하는 사회적기업(social enterprises with the poor as primary stakeholders, SEPPS)이라는 점이다. 이러한 사회적기업들이 생산한 제품들의 팝업숍이라고 할 수 있는 루츠 콜렉티브(Roots Collective) 방문기도 함께 수록하였다.

세 번째 파트는 이번 탐방의 계기가 된 캠프 아시아(Camp Asia)와 관련된 내용을 담았다. 캠프 아시아의 활약상이나 타워빌의 변화에 대해서는 이미 여러 매체에서 다루었기 때문에 가급적 중복을 피하고, 우리가 이번에 탐방하면서 공부하고 경험한 내용을 중심으로 서술하였다. 캠프 아시아의 역사와 미션 그리고 최근의 사업에 대한 소개, 봉제협동조합 익팅(Igting)을 방문하여 어머니들(타갈로그어로 Nanay)과 대화를 나눈 이야기, 농업으로 영역을 넓힌 캠프 아시아의 유기농 매장 네이쳐 링크 올가(Orga) 방문기 등이 수록되었다. 캠프 아시아의 사업을 좀 더 깊이 이해하기 위해 필리핀 빈민 운동에 대한 거시적 설명과 실제 빈민 운동 단체 탐방기를 엮어서 부록으로 실었다.

네 번째 파트는 캠프 아시아가 최근에 민다나오에서 수행하기 시작한 지속가능한 농업 사업, 즉, 두리안 농업협동조합에 대한 이야기가 중심이다. 필리핀의 식량 바구니라고 불리는 민다나오를 중심으로 필리핀 농업이 직면하고 있는 여러 가지 도전과 극복 방안들을 먼저 소개하였다. 그리고 지속가능한 농업을 이끌어 가는 중요한 행위자들인 민다나오 개발청(MinDA)의 관료들, 서던 민다나오 대학(USM)의 전문가들, 그리고 협동조합 조합원인 농부들의 스토리를 함께 담았다. 그리고 민다나오의 지속가능한 농업의 배경이 되는 '빔프이아가'(BIMP-EAGA)에 대한 설명을 부록으로 실었다.

이 책이 나오는데 많은 분들의 도움을 받았다. 우선, 추천사를 써주신 이철용 대표님과 마리 리사 다카나이(Marie Lisa Dacanay) 교수님께 깊이 감사드린다. 이철용 대표님은 인터뷰, 숙소, 교통 예약 등 상당 부분의 일정을 주선해주셨고, 정신없이 바쁘신 가운데서도 일부 일정은 직접 우리 팀과 함께 해주셨다. 다시 한번 감사드린다. 다카나이 교수님은 열정 가득한 특강을 통해 필리핀 사회적기업에 대한 깊은 통찰력을 제시해주시고 직접 추천사도 써주셨다. 깊은 고마움의 마음을 전한다. 캠프 아시아의 조부영 지부장께도 고맙다는 말씀을 꼭 전하고 싶다. 조부영 지부장은 2013년도 한신대학교 국제개발협력사업 당시에 파견되었던 인턴 출신인데, 그 때부터 지금까지 무려 12년간 필리핀에 머물면서 캠프 아시아의 개발협력사업에 헌신하고 있다. 그래서 우리 탐방의 목적이나 필요에 대한 이해도가 매우 높았으며, 처음부터 끝까지 계속 우리를 가이드해주었고, 심지어 원고 일부에 대한 수정 작업도 도와주었다. 너무나 감사할 따름이다. 민다나오 두리안 협동조합 농장 탐방을 친절하면서도 세심하게 이끌어주셨던 캠프 아시아의 박주연 간사님께도 고마운 마음을 전한다.

무엇보다 큰 감사는 익팅 봉제협동조합원으로 계시는 나나이(Nanay)분들에게 전하고 싶다. 개인적으로는 2011년부터 타워빌에 계시는 나나이들을 알고 지내게 되었다. 처음 우리가 봉제기술 교육을 통해 자립하실 수 있도록 그분들을 도와드린다고 나섰을 때, 그저 일회성 프로그램 정도로 생각하셨던 것 같았다. 그분들의 눈에는 절망의 그림자가 더 짙었고, 큰 기대는 없어 보였다. 수해로 자녀를 잃은 분들도 있었고, 삶의 무게가 너무 무거워 허덕거리는 것처럼 보이는 분들도 있었다. 하지만, 시간이 지나면서 사업이 성과를 거두게 되고, 본인들의 삶이 개선되는 것을 보면서 조금씩 자신감을 갖게 되시는 것을 확인하였다. 처음에는 눈도 못 마주치던 분이 점점 상대방의 눈을 보면서 대화를 하게 되고, 방문객들을 대상으로 타워빌 사업의 성과와 변화를 유창하게, 나중에는 스스로 영어를 배워서 논리정연하게 설명하는 데까지 이르게 되었다. 타워빌의 나나이들은 필리핀 사회적경제가 가진 변화의 힘을 웅변하는 살아있는 증거라고 볼 수 있다. 표면적으로는 우리가 그분들을 도와드리는 것 같지만, 그분들 삶의 드라마틱한 변화를 통해 우리가 감동하고 도전받기 때문에 실제로는 우리가 더 큰 도움을 받는 것이라고 생각한다. 다시 한번 감사의 마음을 전한다.

　작은 바램이 있다면, 아무쪼록 이 단행본을 계기로 아시아 지역이라는 역사적 유산과 지리적 특성, 정치경제적 맥락을 고려한 사회적경제에 대한 연구가 활발하게 이어지게 되기를 바란다.

추천사1

사회적경제로 이어진 인연:
한신대와 캠프의 필리핀 사업

이철용_사단법인 캠프 대표

캠프의 필리핀 사업 현장에서 한신대학교와의 인연은 떼려야 뗄 수 없는 관계입니다. 2007년, 캠프는 필리핀 빈곤 지역에서 현지 빈민 연합 단체인 조토(ZOTO)를 통해 약 2년간 필리핀을 배우는 시기를 거쳤습니다. 그러던 중 마닐라에 태풍과 도심 재개발이라는 어려움이 닥치면서 함께하던 주민들의 대부분이 강제 이주를 당하게 되었고, 그들이 옮겨간 곳이 바로 불라칸주 타워빌이었습니다.

정부의 이주 정책에 의해 조성된 지역이었지만, 기본적인 생활 인프라조차 제대로 갖춰지지 않은 척박한 환경에서 약 6만여 명이 살아가고 있었습니다. 당시 한신대학교 지역발전센터와 함께 한국의 사회적기업, 빈곤, 환경 등 분야에서 활동하는 전문가들이 현지를 방문하여 조사를 진행해 주셨고, 이를 기초로 타워빌 사업이 본격적으로 시작될 수 있었습니다. 이러한 계기를 바탕으로 캠프는 불라칸주 타워빌을 넘어 딸락, 마닐라, 그리고 민다나오 다바오까지 사업을 확장할 수 있었습니다.

이번에 한신대학교 사회혁신경영대학원에서 캠프의 사업지를 방문한다는 소식에 큰 감사함과 함께, 캠프의 초기 시절이 떠올랐습니다. 당시에는 '지속가능성'이라는 개념조차 널리 사용되지 않았지만, 우리는 한국과 필리핀의 전문가들이 함께한 덕분에 우리가 떠난 이후에도 지역이 자립적으로 운영될 수 있는 모델을 고민했습니다. 이러한 고민이 사회적경제를 기반으로 한 사업 운영으로 이어질 수 있었습니다.

특히, 이번 방문단을 이끄는 이상헌 교수님이 과거 캠프의 초기 팀을 지도했던 분이라는 점에서 더욱 기대가 컸습니다. 또한, 이번 방문을 통해 책이 출판되는 것을 보면서, 우리의 인연이 더욱 소중하게 다가왔습니다. 이상헌 교수님과 유한나 교수님의 개발도상국 사회적경제에 대한 연구는 저희에게도 큰 도전이 되었으며, 앞으로 나아갈 방향을 제시해주는 귀중한 지침이 되었습니다. 현장의 요구에 따라 사업을 운영하다 보면 때때로 방향성을 놓칠 수 있는데, 이번 기회를 통해 우리 사업의 본질을 다시금 돌아보는 계기가 되었습니다.

더불어, 참가 학생들의 글을 통해 사전 문헌 조사의 중요성을 다시금 느낄 수 있었습니다. 우리가 미처 기록하지 못했던 과거의 내용들을 상기할 수 있었으며, 이를 통해 초심을 되새길 수 있었습니다.

그러나 한편으로는 현장의 어려움과 실패의 경험들을 충분히 전달하지 못한 아쉬움도 남습니다. 우리가 겪어온 시행착오 속에서 얻은 교훈들이 더 많이 공유되었더라면 더욱 의미 있는 기록이 되었을 것이라 생각합니다. 앞으로 이 책이 필리핀에서 활동하는 한국 및 현지 활동가들과 개발도상국 사회적경제의 중요성을 공부하는 교재로 활용되기를 기대합니다.

국제선과 국내선을 갈아타며 필리핀 곳곳을 방문하는 바쁜 일정 속에서도, 현장의 기억을 세심하게 담아 멋진 책으로 발간해 주신 한신대학교, 이상헌 교수님, 유한나 교수님, 그리고 사회혁신경영대학원 참가단에게 깊은 감사를 드립니다.

추천사2

사회적경제 연구와 실천:
필리핀과 한국의 만남

마리 리사 다카나이(Marie Lisa Dacanay) (ISEA 소장, PhD)

아시아의 사회적경제 및 사회적기업 연구자와 실무자들은 오랜 기간 현장 방문을 통해 의미 있는 학습 교류를 이어왔습니다. 이러한 교류는 각국의 사회적경제 및 사회적기업 부문의 이해관계자들에게 영감을 주고 중요한 교훈을 제공하는 기회가 되어왔습니다. 그런 의미에서, 2024년 필리핀의 사회적경제를 연구하기 위해 현장 방문을 온 한신대학교 사회혁신경영대학원 교수진 및 학생과 깊이 있는 대화를 나눌 수 있었던 것은 저에게도 큰 기쁨이었습니다. 더욱 뜻깊은 것은 이 현장 연구의 경험과 배움이 책으로 결실을 맺었다는 점입니다.

2012년, 필리핀에서는 사회적기업 실무자, 연구 기관, 학자들이 힘을 모아 PRESENT 연합(Poverty Reduction through Social Entrepreneurship Coalition)을 결성했습니다. 우리는 필리핀의 상

황에 적합한 사회적기업 활성화 정책을 연구한 아시아 사회적기업 연구소(Institute for Social Entrepreneurship in Asia, ISEA)의 주도 아래, PRESENT 법안의 제정을 추진했습니다. 컨퍼런스를 통해 우리는 빈곤층을 주요 이해관계자로 삼는 사회적기업(SEPPs: Social Enterprises with the Poor as Primary Stakeholders)의 필요를 반영한 정책을 발전시키기로 합의했습니다. SEPPs는 개발도상국에서 심각한 빈곤과 불평등 심화에 대응하여 등장한 주요 사회적기업 모델로, 빈곤층과 협력하며 이들의 역량을 강화하고 실질적인 변화를 만들어 내는 역할을 합니다.

비록 PRESENT 법안이 아직 제정되지는 않았지만, SEPPs의 성장과 발전은 확실한 성과로 자리 잡았습니다. 이는 PRESENT 연합뿐 아니라 사회적기업 이해관계자들이 구조적 빈곤과 불평등 문제를 해결하기 위해 더욱 적극적으로 노력한 결과입니다. 연구에 따르면, SEPPs는 다양한 형태로 존재하며, 유럽 연구 네트워크(European Research Network)가 아시아에서 공존하는 것으로 확인한 세 가지 사회적기업 조직 모델(사회적 협동조합, 기업가적 비영리 조직, 사회적기업)과 유사한 구조를 갖고 있습니다. 또한, SEPPs는 2023년 4월 18일 유엔 총회가 채택한 획기적인 결의안 "지속가능한 발전을 위한 사회연대경제 촉진(Promoting the Social and Solidarity Economy for Sustainable Development)"에서 강조된 사회연대경제 조직과도 밀접한 관련이 있습니다. 이 결의안은 협동조합, 협회, 상호부조회, 재단, 사회적기업, 자조 단체 및 기타 조직이 인류와 지구를 배려하는 가치와 원칙(평등과 공정성, 상호의존성, 자율적 운영, 투명성과 책임성, 양질의 일자리 창출 및 생계 보장)에 따라 운영되는 것을 촉진하는 내용을 담고 있습니다. SEPPs 개념은 이 결의안에서 언급된 모든 조직을 포함하되, 비공식적인 자조 단체는 예비 단계의 SEPPs로 간주될 수 있습니다. 따라서 이러한 자조 단체와 기타 비공식 조직이 지속가능한 SEPPs로 성장할 수 있도록 지원이 필요합니다.

필리핀 사회적경제의 중요한 부분을 차지하는 SEPPs의 개념과 그 풍부한 전통을 2024년 한국의 대학원생과 교수진에게 소개할 수 있었고, 이를 한국의 연구자, 실무자, 기업가들에게 공유할 수 있게 되어 매우 기쁘게 생각합니다. 이러한 맥락에서 필리핀의 사회적경제를 다룬 이 책이 출간되는 것은 매우 의미 있는 이정표입니다. 본서는 빈곤과 기후 위기에 대응하면서 지속가능한 발전을 촉진하는 사회적경제의 역할을 탐구하는 책으로서, 필리핀과 한국뿐 아니라 아시아 전역의 사회적경제와 사회적기업을 연구하는 학습 공동체에 중요한 기여를 할 것입니다. 특히, 필리핀에서 가장 많은 SEPPs 및 사회직경제 조직으로 확인된 협동조합 사례 연구에 초점을 맞춘 것은 매우 적절한 선택입니다. 또한, 국제개발협력이 이러한 사회적경제조직의 형성에 어떤 영향을 미쳤는지를 분석하는 것은 전 세계 실무자와 지원 기관에 유익한 통찰을 제공합니다.

  이 책은 사회적기업과 사회적경제를 주요 경로로 삼아 보다 지속가능한 미래를 만들어가고자 하는 아시아 및 전 세계 연구자와 실무자들에게 필수적인 지식 자원이 될 것입니다.

1장
개발도상국의 사회적경제

개발도상국의 사회적경제가 가지는 의미
: 탈식민주의와 탈성장주의

1. 자본주의적 경제의 특성들

인류의 역사를 24시간이라고 볼 때, 자본주의가 등장한 시간은 4초 정도라고 한다. 이 짧은 시간 동안 인류의 삶은 송두리째 바뀌었으며, 지구생태계도 거의 돌이킬 수 없는 타격을 받았다. 자본주의 이전과 이후 시기 경제의 가장 큰 차이는 두 가지다. 첫째, 자본주의 이전은 사용 가치, 자본주의 이후는 교환가치 중심의 경제라는 점이다. 둘째, 자본주의적 경제는 성장의 정언명령[1]에 구속되어 성장을 위한 성장에 추구할 수밖에 없는 시스템이라는 점이다.

---

[1] 칸트 철학에서, 행위의 결과에 구애됨 없이 행위 그것 자체가 선(善)이기 때문에 무조건 그 수행이 요구되는 도덕적 명령.

1) 교환가치 중심의 경제

칼 폴라니(Karl Polanyi)가 잘 보여주었듯이, 자본주의 이전의 경제는 사용 가치를 중심으로 운영되었다. 사용 가치 중심의 경제는 역사적으로 겹쳐서 존재하기도 했지만 크게 두 가지 원리에 의해 작동했다. 첫째는 호혜성(reciprocity)[2]에 따른 선물 경제다. 선물 경제는 상대방에게 호의를 베푸는 수단으로서 물건이 제공되었고, 물물교환이 이루어지기는 했지만, 직접적인 방식을 피해서 간접적으로 이루어졌다. 교역도 있기는 했지만, 아주 작은 단위의 마을에서 이루어지거나 아주 먼 거리의 교역이 이루어졌다. 이 경우에도 시장은 존재했지만, 철저히 사회 속에 묻어 들어가 있는(embedded) 상태였다.

둘째는 재분배에 의한 경제 활동이다. 강력한 권력을 가진 통치자에 의해 재화가 한곳에 집중된 후, 통치자에 의해 재화가 인민들의 필요에 따라 다시 분배되는 방식이다. 이 경우에도 시장은 존재할 수 있으나, 위 경우와 마찬가지로 사회 속에 묻어 들어가 있었다. 곧 전통이나 사회적 규범에 따라 시장의 작동이 영향을 받는 상태였다.

하지만 자본주의적 경제는 교환가치 중심의 경제시스템으로서 모든 것, 특히 커먼즈(commons)[3]로 간주했던 것들을 인클로저

---

2 서로 혜택을 누리게 되도록 문제를 해결하려는 성질.
3 우리가 모두 공유하는 것으로 공평하게 사용해야 하고, 미래세대를 위해서도 유지되어야 하는 자연 또는 사회의 창조물이기도 한 것들.

(enclosure)[4]함으로써 거저 얻을 수 있는 재화와 서비스를 상품화시켜 시장에서 구매하도록 만들었다. 자본주의는 인클로저를 통해 인위적으로 희소성을 만들어 냄으로써 체계적으로 자본가를 제외한 대부분의 인민을 배제하는 특성이 있다. 따라서 자본주의는 단순한 경제체제가 아니라 불평등을 만들어 내는 일종의 권력 시스템이기도 하다. 이처럼 자본주의 시스템은 자율적으로 조정되는 시장(self-regulated market)에 따라 경제활동이 이루어진다. 곧 사회적 규범이나 전통, 관습에서 벗어나서 시장이 마치 모든 것을 자율적으로 조정할 수 있는 능력을 갖춘 것으로 치부되고 전횡함으로써 모든 것을 '사탄의 맷돌'에 갈아 넣는 시스템이다.

이처럼 자본주의적 경제의 특징은 모든 것을 상품화하고, 교환가치로만 판단하고 거래하는데, 폴라니는 상품화되어서는 안 되는 세 가지 요소가 상품화된 것을 비판했다. 그것은 인간의 노동(력), 토지, 화폐다. 노동력을 인간에게서 분리하는 것은 물리적으로 불가능함에도 마치 팔 수 있는 상품처럼 취급하게 되었다. 토지도, 지구에 우리가 살고 있기 때문에 선물처럼 주어진 것이라고 볼 수 있는데, 마치 개인이 소유할 수 있는 것인 양 소유권을 주장하면서 거래할 수 있는 상품으로 둔갑시켰다. 거래를 원활하고 효율적으로 수행하기 위해 만들어진 화폐는 원래 커먼즈의 성격을 가지고 있었으나, 하나의 상품으로서 축적이 가능한 자본으로 바뀌면서 커먼즈적 성격을 잃어버렸다. 그래서 폴라니는 이러

---

[4] 근세 초기의 유럽, 특히 영국에서, 영주나 대지주가 목양업이나 대규모 농업을 하기 위하여 미개간지나 공동 방목장과 같은 공유지를 사유지로 만든 일.

한 상품화를 허구적 상품이라고 불렀다.

  상품이 되어서는 안 될 것들마저 모두 상품화된 자본주의 시스템의 결정적 문제는 축적을 위한 축적, 성장을 위한 성장이 계속 일어날 수밖에 없다는 것이다. 자본주의는 원리상 지속적 확대재생산이 일어나야만 한다. 그렇지 않을 경우 자본주의는 붕괴하게 된다. 따라서 이를 피하고자 자본주의는 중단없는 경제성장과 자본축적을 추구할 수밖에 없다. 성장은 자본주의에서 정언명령이나 다름없다. 그러한 자본축적은 언제나 과잉 축적 또는 과소소비의 위기에 봉착하게 되지만 역사적으로 자본은 계속 그러한 위기를 돌파(fix)해 왔다. 대표적인 것이 식민지 개발이다. 약소국을 종교와 무력을 앞세워 식민지로 만들어 개척함으로써 유럽의 자본주의는 위기를 극복해 왔다. 대규모 산업화에 필요한 값싼 노동력과 원료를 식민지로부터 추출하고, 본국에서 값싸게 생산된 제품을 판매하는 곳으로 식민지를 이용해 왔다. 제2차세계대전 이후 많은 나라가 식민지로부터 독립했지만, 추출과 착취에 기초한 식민지 경제질서의 경로의존성은 없어지지 않았다. 여전히 식민지가 많았던 남반구(the South)의 부의 대부분은 식민지를 경영했던 북반구(the North)로 이전된다.

2) 성장을 위한 성장: 성장주의

  자본주의는 계속 자본축적을 해야 하고 확대재생산되어야 하는 시스템이다. 곧 자본주의에서 성장은 필연적이다. 그리고 성장을 계속하기 위해서 노동자의 인권을 짓밟거나 환경오염을 일으키기도 한다. 약소국의 식민지 개척도 지속적인 성장을 위한 전략의 일환이라고 볼 수 있다. 그런데 문제는 성장 자체가 아니다. 성장 자체는 어떤 국면에서 필요한 일이기도 하다. 성장 없이는 사회가 필요한 여러 기능, 예컨대 부의 창출, 고용, 복지, 교육이나 의료 같은 서비스를 제공해 줄 수 없기 때문이다. 문제는 성장이 어느 한계를 넘어갈 때는 성장이 더 이상 경제적 부(wealth)를 창출하는 것이 아니라 비경제적 결과들(허먼 데일리Herman Daly는 이것을 illth라고 부른다)을 초래한다는 것이다. 성장의 한계에는 생태적·물리적·사회적 한계가 존재한다.

    경제는 진공 속에서가 아니라 생태계의 제약과 열역학적 법칙의 규정을 받으면서 이루어질 수밖에 없다. 주류 경제학에서 경제는 가계와 기업으로 이루어져 있고 시장을 통해 재화와 서비스가 순환하게 되어있는 모델인데, 실제 경제는 그렇게 이루어지지 않는다. 경제가 작동하려면 경제 외부에서 자원과 에너지를 가져와야 하고, 여러 프로세스를 거치면서 경제활동이 이루어진 다음 경제 외부로 폐 에너지와 폐기물을 버려야만 하는 것이다. 문제는 지구생태계가 무한정 자원과 에너지를 제공해 주지 못하고, 또 버려지는 폐기물을 무한정 받아주지도 못한다는 것이다. 또한 열역학 제2법칙인 엔트로피증가법칙[5]에 지배받게 된다. 낮은 엔트로피 상태인 자유에너지는 점차 높은 엔트로피 상태인 폐

---

5 닫힌 계는 스스로 열적 평형 상태, 곧 무질서도가 최대가 되는 상태로 변하기 때문에 무질서도는 감소하지 않는다는 법칙.

에너지 방향으로 움직이게 된다. 이 방향을 바꿀 수는 없다. 따라서 지구생태계의 한계 속에서 경제성장이 무한하게 이루어질 수는 없다. 한편 사회적 한계도 존재한다. 자본주의가 계속 불평등한 사회구조를 재생산하고 있지만, 최소한의 사회적 기초가 붕괴하는 수준까지 불평등이 확대되면 더 이상 자본주의적 질서가 유지되기 어렵다. 물론 생태적·물리적 한계보다는 상대적인 한계이고, 자본주의가 다양한 형태의 돌파들(technological fix, spatial fix)을 동원하여 한계를 넘어서고자 하겠지만, 무한정하게 그렇게 할 수는 없다.

3) 식민주의와 추출주의

자본주의가 무한한 경제성장을 꿈꾸고 어느 정도 그렇게 발전해 올 수 있었던 배경에는 식민주의(colonialism)가 있기 때문이다. 식민주의란 간단히 말해서 폭력적인 방식으로 다른 나라, 지역, 부족 또는 민족을 침탈해서 식민제국의 발전을 위해 자원과 노동력을 수탈해 가는 방식을 의미한다. 식민주의의 목적은 식민제국의 발전이기 때문에 식민지의 자연생태계나 거기에 거주하는 사람들의 인권이나 복지는 관심사가 될 수 없다. 이런 이유로 원래 있었던 자연과 인간의 조화로운 공생이나, 전통과 문화 등은 모조리 전근대적인 것, 비과학적인 것, 개조되어야 할 관습, 무지와 몽매 등으로 격하되었다. 그리고 식민제국의 근대적 지식, 과학, 기술 등에 기초하여 식민지를 개조하고 사람들을 착취했다. 식민지에 대한 이러한 착취는 추출 주의 또는 채굴 주의(extractivism)에 기초하고 있다. 추출주의란 좁은 의미로는 광산에서 광물을 추출해서 최소한의 가공만 거쳐서 수출하는 것을 의미하지만, 넓은 의미로는 특정한 목적(가장 크게는 이윤 창출)을 위해 자연에 있는 다양한 존재들의 가치를 파괴하면서 쥐어짜 내는 활동을 의미한다. 예컨대, 코발트나 콜탄 등의 광물을 캐내기 위해서 멸종위기에 처한 고릴라와 선주민들이 더불어 살아가는 열대우림을 베어내고, 땅을 파헤치면서 좁은 갱도에 (주로) 인신매매로 팔려 온 어린아이들을 밀어 넣는 것들이 추출 주의적 활동인 것이다. 이와 같은 추출 주의에 기초해서 식민지배가 일어났다. 이와 관련된 사례는 무수히 많다. 가장 악질적인 것이 벨기에의 콩고에 대한 식민 지배 사례다. 19세기 말 벨기에의 국왕 레오폴드 2세는 콩고를 마치 사유지처럼 다루고 주민들을 노예처럼 취급하면서 당시에 가치가 매우 높았던 고무를 생산하도록 했다. 만일 주민들이 자신들의 할당량을 채우지 못하면 스스럼없이 손목을 절단했다. 또한 병사들에게 감시 업무를 맡기면서 주민들이 제대로 일하지 않으면 죽여도 좋다며 총알을 지급하고, 죽었다는 표시로 시체의 손목을 잘라서 훈증해서 가져오도록 지시했다. 점점 고무 채취가 확대되면서 고무나무가 사라지게 되고 주민들은 할당량을 채우기 위해 점점 더 깊은 숲으로 들어갈 수밖에 없었다. 결국 열대우림은 심각하게 파괴되었으며, 주민들의 손목도 점차 더 많이 잘려 나갔다. 하지만 레오폴드 2세는 고무

수출로 엄청난 부를 축적했으며, 그 돈으로 벨기에에 화려한 건축물을 지음으로써 건축왕이라는 명성을 얻게 되었다.

　벨기에와 콩고의 사례가 잔혹한 사례이긴 해도 예외적인 것은 아니었다. 유사한 형태의 수탈과 착취가 거의 모든 지역의 식민지에서 벌어졌다. 그리고 이러한 추출 주의적 행태는 형태를 바꿔서 아직도 유지되고 있는데, 남반구 국가들이 지고 있는 부채가 그 결과로 남아있다. 매년 북반구에서 남반구로 이전되는 부는 약 2조 달러 정도 되지만, 부채 탕감으로 인해 남반구에서 북반구로 이전되는 부는 약 5조 달러 정도다. 매년 3조 달러의 적자가 생기는 셈이다. 이러니 남반구의 빈곤은 구조적으로 해결되기 어려운 상황이다(히켈, 2024).

　부의 불평등한 이전은 원조와 부채탕감과 같은 명료하고 단순한 구조만이 아니라 눈에 잘 띄지 않고 복잡한 구조 속에서 체계적으로 이루어진다. 즉, 글로벌 생산 네트워크라는 구조 속에서 은밀하면서도 매우 복합적인 방식으로 이루어진다. 북반구에서 소비되는 거의 대부분의 상품의 생산은 주로 남반구 지역에서 이루어지는데, 이 과정은 자원과 노동력을 추출하는 것만이 아니라 온실가스의 집약적 배출, 그리고 생태계 파괴, 폐기물 배출 등의 환경적 부담을 동반하게 된다. 이 과정은 너무 여러 과정으로 이루어져 있어서 쉽사리 눈에 띄지도 않는다. 기후위기 대응을 위해 온실 가스를 감축하는 노력을 한 나라에 국한시켜서 생각하게 되면 이런 복잡한 과정이 보이지 않게 된다. 자기 나라에서 배출한 온실가스를 줄인다고 해도, 글로벌 생산 네트워크에서 배출하는 바람에 해당 국가의 통계에 잡히지 않는 온실가스는 어찌할 것인가? 그냥 그건 그 나라 사정이니까 신경쓰지 않아도 될까? 로리 파슨스(Laurie Parsons)는 『재앙의 지리학』에서 이런 현상을 '탄소식민주의'라고 표현했다(로리 파슨스, 2024). 그러니, 경제적 식민주의는 기후위기 시대에도 여전히 작동하고 있다.

2. 탈성장주의의 등장과 의의

 탈성장주의는 성장주의의 물리적·생태적·사회적 한계를 지적하면서 대안적 삶의 방식을 주장하는 이데올로기라고 할 수 있다. 탈성장주의는 모든 성장에 반대하는 것이 아니라 지구가 가진 물리적·생태적·사회적 한계 속에서 인간을 비롯한 다양한 생명들이 함께 번영할 수 있는 방법을 찾고자 하는 제안이라고 할 수 있다. 이를 위해서는 사회의 어떤 부문(예컨대, 돌봄, 재생가능에너지, 자원순환 경제, 친환경적 농업 등)은 오히려 지금보다 더 성장해야 하고, 어떤 부문(군사 산업, 약탈적 금융, 불로소득, 화석연료 산업 등)은 지금보다 더 축소되어야 한다. 또한 정치·경제·사회의 근본적 재구조화가 필요하다. 예컨대, 산업의 경우 화석연료 기반을 전면적으로 재생에너지 위주로 전환해야 하고, 이에 걸맞게 다양한 산업의 성격과 네트워크 등을 다시 조정하는 작업을 해야만 한다. 임금노동과 최대이윤 획득을 목표로 하는 금융시스템, 불로소득 획득을 중심으로 구성된 사회경제적 관계의 재조정, 추상화된 공간이 아니라 구체적인 장소 중심으로 사회관계들이 형성되면서, 배타적이지 않고 포용적인 공동체가 만들어져야 한다. 물론 인간과 인간과의 관계만이 아니라 비인간종들과의 공생공락(conviviality)을 추구하는 공동체여야 한다. 탈성장주의에는 다양한 입장들이 있는데, 이를 크게 세 가지로 분류해 보면 각각 경제적·사회적·환경적 측면을 강조하는 담론들로 구분할 수 있다.

먼저 경제적 측면의 탈성장 담론들이 주장하는 내용을 요약하면 다음과 같다. 노동력과 자연 착취를 기본으로 하는 자본주의적 축적과 경제성장은 무한하지 않고 물리적 한계가 있다. 우리는 경제성장 대신 번영과 '좋은 삶'(buen vivir)을 추구해야 한다. GDP는 경제의 양적 규모를 보여주는 지표이지 그 자체가 우리의 행복을 보장하는 것은 아니기 때문에, 좋은 삶을 위해서 반드시 높은 GDP가 필요한 것이 아니다. 우리는 불필요한 수요를 만들어 내면서 생산을 추동하는 이윤극대화가 아니라 진정한 필요를 만족하는 충족성의 원리를 추구해야 한다.

환경적 측면의 탈성장 담론은 지구의 생태적 수용능력 안에서 경제·사회·정치·문화 활동 등이 이루어져야 한다고 주장한다. 지구에 살고 있는 모든 생명체는 열역학 제2법칙인 엔트로피 법칙을 벗어날 수가 없다. 사물에 질서를 부여하여 유용한 것을 만들어 내기 위해서는 반드시 에너지 투입이 필요하고, 투입된 에너

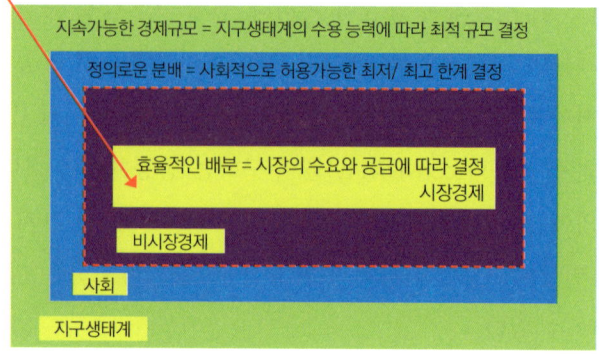

〈그림1〉 거시경제학의 결정 순서 출처: 김병권(2023: 300)에서 인용

지는 폐에너지와 쓰레기로 전환되어 계속 지구생태계에 축적된다. 따라서 에너지와 자원을 무한정하게 이용하고 무한정하게 폐기하는 무한 성장이라는 것은 물리적으로 불가능하다. 그러므로 거시경제의 경우, 규모(scale)를 먼저 정해야 하고, 그다음에 사회적으로 정의로운 분배 방식을 결정한 후, 경제적으로 효율적인 배분이 되어야 한다.(그림1 참조). 다만, 이 그림에서 간과하지 않아야 할 점은, 이 그림이 한 나라에 국한된 거시경제를 의미하는 것이 아니라는 것이다. 앞에서 언급했듯이 이미 글로벌한 경제가 되어 버린 상황이기 때문에 생산, 소비, 유통 등의 경제행위는 전 지구적 범위에 걸쳐서 일어난다. 특히 북반구 국가들의 부의 축적을 위해 남반구 국가들의 환경적 부담이 커지고 있기 때문에 이러한 불평등한 생산관계 혹은 축적 시스템의 반환경성을 감소

시키기 위해서라도 아래 그림의 거시경제란 지구적 범위의 거시경제여야 하고, 글로벌 생산 네트워크가 그렇게 강조하는 '규모의 경제'(economy of scale)가 아니라 '경제의 규모'(scale of economy)가 가장 먼저 고려되어야 하는 것이다.

사회적 측면의 탈성장 담론은 사회의 기본적 필요를 충족시키고 이를 위한 사회적 서비스에 대한 접근에 있어서 분배적 정의를 구현할 것을 요구한다. 곧 사회적 서비스의 분배에서 세대 내, 세대 간의 정의가 확보되어야 한다는 것이다. 사회적 측면의 탈성장주의 담론은 제삼세계의 노동력과 자원을 수탈하고 착취하면서 발전을 추구했던 제국주의적 생활양식(imperial mode of living)을 탈피해야 한다고 주장한다. 재생에너지 중심의 에너지 전환, 전기자동차 확대 등이 제1세계를 중심으로 이루어지지만, 이 과정에서 필요한 리튬·코발트·니켈 등 희귀한 금속의 채굴은 주로 제삼세계의 자원과 환경을 수탈하고 파괴하는 결과를 초래한다. 따라서 세대 내 분배적 정의를 실현하는 탈성장은 탈식민주의, 지구적 정의를 추구해야 하며, 제일세계 (혹은 북반구)의 발전 과정에서 배출한 온실가스 배출이 제삼세계에 떠넘긴 기후 부채 문제도 해결해야 한다.

3. 제삼세계에서 탈성장담론:
불평등과 자원착취에 대한 대안

제삼세계 또는 남반구에서는 유럽 또는 제일세계의 관점에서 만들어진 성장 중심적 발전 패러다임에 대한 비판 전통이 상당히 오래전부터 있었다. 제일세계 중심부 국가의 발전이 제삼세계 주변부 국가들의 저발전(국제적 분업 구조 속에서 제일세계의 착취와 수탈에 의한 결과가 만들어 낸)에 기인한다는 것을 비판적으로 살펴본 종속이론(dependency theories)이나 세계체제론이 대표적이다(Andre Frank, Samir Amin, Immanuel Wallerstein 등). 좀 더 직접적으로 유럽 중심적인 발전 패러다임 자체를 비판한 연구들도 상당히 많다(Philip McMichael). 필리핀의 사회학자 월든 벨로(Walden Bello)는 신자유주의적 세계화가 초래한 불평등과 빈곤의 확산에 대응하기 위해 반세계화(deglobalization)를 주장했다. 반세계화는 다국적기업 중심의 세계 경제 질서를 지역·국가·민중 중심의 경제질서로 재편하는 것을 의미한다(Bello). 남반구에 살고 있었던 선주민들이나 이들의 공동체들이 전개하는 환경정의(environmental justice) 운동도 서구의 제국주의적 착취와 개발에 저항하는 운동이라고 볼 수 있다. 조상 대대로 살아오던 땅에 묻혀있는 자원들을 채굴하고 빼앗기는 과정에서 선주민들 공동체는 파괴되고 쫓겨나며, 심지어 죽임을 당하는 경우가 많았다. 발전이라는 미명 하에 제일세계(정확히는 다국적기업과 이에 관련된 이해당사자들)의 이익을 관철하고자 선주민 공동체의 권리와 행복, 그리고 자연생태계의 균형을 짓밟아버린 것이다. 이러한 개발에 저항하는 운동을 제삼세계적 맥락의 환경정의 운동이라고 부를 수 있다. 대표적 사례가 아마존의 고무나무에서 고무를 채취하던 노동자로서 개발업자들의 가혹한 노동착취와 열대우림 파괴에 저항했다가 토지 소유자들의 사주로 살해당한 시쿠 멩지스(Chico Mendes)의 사례, 나이지리아 오고니(Ogoni) 부족의 땅에서 석유를 채취하면서 온갖 환경오염을 일으키고 주민들의 삶을 피폐하게 만든 정부와 더치쉘(Dutch Shell)에 저항하는 환경운동을 전개한 혐의로 결국 사형에 처해진 켄 사로위와(Ken Sarowiwa)가 있다.

한편 서구의 발전 패러다임과 전혀 다른 발전이나 번영을 주장하는 남반구적 전통들도 존재한다. 예컨대 태국에서 비롯되었고, 에른스트 프리드리히 슈마허(Ernst Friedrich Schumacher) 등이 널리 알린 불교경제학이 있다. 불교경제학은 유효수요의 충족이나 이윤추구 대신 '충분성'(sufficiency)의 원리가 삶의 기반이 되어야 함을 주장한다. 행복이 욕망의 추구가 아니라 욕망의 감소에 의존하고 있으며, 많은 것을 소유하는 것이 아니라 적게 소유하면서도 만족감을 늘리는 것이 더 행복에 이르는 타당한 방식이고, 이웃과 자연과 공존하며 번영할 방법임을 가르친다(슈마허, 불교경제학). 부탄에는 국왕의 명령으로 만들어진 국민행복지수(Gross National Happiness, GNH)라는 지표가 있다. GDP가 증가

한다고 비례적으로 행복이 늘어나는 것이 아니기 때문에, GDP보다는 국민행복지수 자체를 늘리는 것이 더 중요하다고 본다. 라틴아메리카에서도 대안적 삶의 방식에 대한 개념이 전통적으로 존재했다. 부엔 비비르(buen vivir), 수막 카우사이(sumak kausai) 등의 개념이 그것이다. 어머니 대지(Pachamama)와의 평화로운 공존을 추구하면서 좋은 삶(good life), 이웃과 더불어 좋은 삶을 누리기(living well together)를 바라는 것이다. 볼리비아와 에쿠아도르는 이러한 개념을 제도화해 자연의 권리를 헌법 조항으로 명문화하기도 했다.

서구의 성장 중심 발전 패러다임에 대한 제삼세계의 비판적 전통이나 대안적 담론이 존재한다는 사실을 고려하면 탈성장에 대한 수용성이 높을 수 있다고 짐작할 수 있다. 하지만 제일세계에서 주조된 탈성장 담론을 액면 그대로 수용하기는 어려운 지점이 분명히 있다. 제일세계 또는 북반구와 제삼세계 또는 남반구 사이에 존재하는 제국주의-식민주의적 관계가 온전히 청산되지 않고, 자원 착취나 수탈, 노동력 이동이나 활용에서 나타나는 불평등한 구조가 온존하는 상황에서 북반구에서 논의되는 탈성장 담론이 그대로 반영될 수는 없는 것이다. 예를 들어 지구의 생태적 한계를 고려하여 경제 규모를 설정해야 한다는 말은 타당하지만, 제삼세계의 경제 자체가 지구적 분업 구조와 불평등한 무역구조, 자원의 일방적 착취와 수탈을 전제하고 있고, 제일세계에 비해 생태적 발자국도 비교적 적기 때문에, 제일세계와 제삼세계에서 탈성장 정책이나 담론의 적용 방식이 동일할 수는 없다. 또한 불평등한 세계적 노동 분업 구조 속에서 어쩔 수 없이 화석연료에 의존적인 산업 비중이 큰 제삼세계의 맥락에서, 탈성장을 위해서 화석연료 산업의 노동자들을 다른 산업으로 정의롭게 전환(just transition)해야 한다고 주장하는 것은 제삼세계 국가의 입장에서는 거의 혁명적 수준의 변화를 요구하는 일이다. 또한 열악한 복지수준이나 빈곤층 비율이 압도적으로 높은 상황들을 고려하면 지속가능한 산업화와 성장이 계속 필요하다고 주장할 수 있다. 따라서 제삼세계에서 탈성장 담론은 생태계의 한계 내에서 지속가능한 방식으로 생산된 부가 공평하게 분배될 수 있어야 하고, 국가나 다국적기업들과 같은 강력한 행위자들에 대한 사회적 규제를 시행한다는 내용이 최소한 포함되어야 할 것이다. 따라서 사회적 가치와 경제적 지속가능성을 동시에 추구하려는 사회적경제는 제삼세계적 맥락에서 탈성장 담론과 결합할 수 있는 여지가 많다. 지역 내 부의 공동생산과 공평한 분배, 빈곤퇴치와 최저생계 기준 이상의 삶의 질을 확보하는 일, 돌봄노동이나 재생가능에너지 등과 같은 분야의 발전은 제삼세계에서 탈성장을 지향하는 사회적경제의 중요한 역할이 될 수 있을 것으로 보인다.

¶ 글 이상헌

2장
필리핀의 사회적경제

필리핀 협동조합의 힘

1. 필리핀 협동조합 연구의 의미

2013년 이후, 한국의 협동조합은 10여 년 동안 급격히 성장했다. 이 과정에서 영국, 스페인, 독일, 이탈리아, 프랑스, 캐나다 등 선진국의 협동조합 관련 법과 제도, 지원체계가 주로 연구되었다. 선진국 사례는 한국의 협동조합에 유의미한 시사점을 제공해왔지만, 그들의 경제 규모, 정부 지원 규모, 시민사회의 역량 등은 한국에 그대로 적용하기 어려운 측면이 많았다.

반면, 식민지 경험과 개발도상국의 성장배경을 공유하는 아시아·태평양 국가들의 협동조합에 관한 연구는 상대적으로 적다. 그중 필리핀은 협동조합 관련 법과 제도를 비교적 잘 갖추고 있으며, 국가 차원에서도 협동조합 발전을 위한 다양한 지원을 하고 있으나, 필리핀이 경제적·사회적 측면에서 상대적으로 후진국이라는 인식 때문인지 활발한 연구가 이루어지지 않았다. 필리핀의 다양한 역사적 경험과 열악한 사회구조, 경제적 특성이 협동조합 발전에 어떻게 작용했는지를 살펴보는 것은 오늘날 한국 협동조합이 직면한 한계와 과제를 해결할 구체적인 방안을 모색하는 데 큰 영감을 줄 수 있다. 여전히 다른 지역이나 국가의 사례를 한국에 그대로 적용하는 데는 한계가 있다. 각 국가가 처한 상황과 문화가 다르기 때문이다. 그러나 필리핀 협동조합 연구는 안정적인 제도와 지원체계, 조직 체계와 같은 기본기를 잘 갖추는 것의 중요성과 그것을 실천하는 힘을 확인할 수 있는 좋은 사례이다. 필리핀 협동조합에 관한 성찰은 한국 협동조합이 양적 성장을 넘어 질적 성장을 위한 제도와 지원체계, 조직 체계를 모색하는 데 유용한 논의의 기초가 될 것이다.

2. 협동조합의 역사와 제도

필리핀은 330년간 스페인의 지배를 받았고, 1898년 독립했으나 이후 미국과 일본의 식민지를 거쳤다. 또한 오랜 독재정치를 경험했다. 필리핀은 이러한 역사적 배경 속에서 일찍이 유럽형 협동조합 모델을 받아들였고, 이는 법에도 잘 반영되어 있다. 1987년 개정된 필리핀 헌법에서는 협동조합을 '사회정의와 경제발전을 촉진하는 정책 수단'으로 규정하였고, 2008년 개정된 법률을 통해 더욱 강화되었다. 이는 협동조합이 경제와 사회 정책에서 핵심적인 역할을 수행함을 보여준다(ICA, 2016). 협동조합이 헌법에 포함된 이유는 필리핀 협동조합의 발전 과정에서 확인할 수 있다. 윤해진 외(2014)는 필리핀 협동조합의 발전을 다섯 단계로 나누어 설명하고 있으며, 특히 1905년 미국 식민 통치 하에서의 협동조합 역사에 주목한다. 한편, ICA(2016) 보고서는 협동조합의 발전을 세 단계로 구분하였다. 이를 종합하여 필리핀 협동조합의 발전 단계를 다음의 세 가지로 정리할 수 있다.

 1) 협동조합 형성기(1896~1941)
 1896년부터 1941년까지는 필리핀 협동조합의 초기 형성기다. 스페인 식민지 말기, 지역 기술 조합과 길드인 '그레미오스(gremios)'가 형성되었으며, 독립운동 지도자들은 협동조합을 사회경제적 대안으로 인식하고 지지하였다. 대표적으로 필리핀 협동조합의 시초는 호세 리살(Jose P. Rizal) 박사가 민다나오 다피탄에 설립한 농업유통협동조합으로 여겨진다. 이후 1905년 미국 식민지 정부는 독일의 라이파이젠(Raiffeisen) 모델을 도입하여 농업협동조합을 본격적으로 지원했다(ICA, 2016; 윤해진, 채영제, 방태형, & 황선영 2014: 65~67).
 1915년 '농촌신용법(Rural Credit Act: Act 2508)'이 제정되면서 정부 주도의 신용조합이 설립되었고, 1926년 말 기준으로 42개 지방에 544개의 신용조합이 설립되었다. 그러나 실적주의, 정책적 조급함, 지도자 교육 부족 등의 이유로 많은 신용협동조합이 실패했다(윤해진 외, 2014: 66~68).

또한, 필리핀 최초의 지역 신용협동조합이 미국 그리스도교회의 목사 주도로 설립되었으며, 정부 지원 없이 개신교 중심의 자조적 협동조합으로 확산하였다. 1940년 제정된 '협동조합법(CA 585)'은 협동조합을 법적으로 인정하였고, 15명 이상이 모이면 협동조합을 설립할 수 있고, 5년 동안 조세를 면제받는 혜택이 제공되었다(윤해진 외, 2014: 69~70).

2) 협동조합 성장기(1941~1986)

1941년부터 1986년까지는 필리핀 협동조합이 성장한 시기다. 1941년 '협동조합청(National Cooperative Administration)'이 설립되면서 소비자협동조합과 생산자협동조합이 증가했다. 제2차 세계대전 중에는 협동조합이 전쟁 피해 지역과 일본 점령지에서 식량 공급과 재건 사업에 참여했다. 이후 협동조합청은 '필리핀 구호 및 무역재건청(PRATRA: Philippine Relief and Trade Rehabilitation Authority)'으로 개편되어 유통기능이 추가되었다(ICA, 2016). 협동조합 정책은 농업 중심에서 비농업 분야로 확대되었으며, 1960년대에는 가톨릭교회의 기여로 수천 개의 조합이 설립되었다. 또한 전국적인 협동조합 연합회 네트워크가 형성되었다(윤해진 외, 2014: 70~73).

이 시기의 특징은 필리핀 농촌재건운동(PRRM)을 중심으로 전기, 은행, 운송 등 비농업 부문으로 협동조합이 확장되었다는 점이다. 게다가 마르코스 정권의 군사 계엄기(1972~1985)에 이러 정부의 홍보 수단으로 활용되면서 지속적으로 증가하였다.(윤해진 외, 2014: 74~75).

3) 민주적 통치 회복기(1986-2000)

1986년 마르코스 정권이 끝나고 민주적 통치가 회복되면서 협동조합에도 큰 변화가 있었다. 1987년 헌법은 협동조합을 "경제 및 사회적 기능을 수행하는 합법적 개체"로 정의하고, 협동조합 활성화를 촉진할 것을 명시했다. 1987년 개정된 필리핀 헌법은 경제 및 재산에 관한 제12조에서 협동조합과 유사한 집단 조직의 역할을 명확히 규정하고 있다. 협동조합은 경제적 기회를 확장하고 분배의 정의를 촉진하는 중요한 역할을 수행하며, 모든 부문과 지역의 최적 발전을 지원하는 경제주체로 자리매김하였다. 국제협동조합연맹(ICA, 2016)은 필리핀 헌법에서 '협동조합'이 다섯 차례 언급되었다는 점을 들어, 협동조합이 국가 경제와 사회에서 중요한 위상을 차지하고 있다고 평가하였다.

1990년에는 '협동조합법'과 '협동조합개발청법'(RA 6939)이 제정되면서 협동조합의 제도적 기반이 강화되었다. 이 시기 협동조합은 NGO 및 시민단체와 협력하여 사회 발전을 촉진하는 제3의 부문으로 위상이 높아지면서, 1985년 8,000개 미만이었던 협동조합 수가 1993년에는 21,125개로 증가했다(윤해진 외, 2014: 77). 또한, 필리핀 공화국법 제9520호(Republic Act No. 9520), 즉 '2008년 필리핀 협동조합법'은 협동조합의 법적 기반을 제공하는 핵심 법률이다. 필리핀 협동조합법(RA 9520)은 협동조합을 다음과 같이 정의한다.

협동조합 정의(RA 9520)

"보편적인 협동조합 원칙에 따라 자발적으로 모인 사람들이 필요 자본을 공평하게 출자하고, 생산품과 서비스를 이용하며, 위험과 이익을 공정하게 분배하는 자율적 조직으로서, 조합원은 공동의 이익을 바탕으로 사회적·경제적·문화적 목표를 실현하기 위해 협력한다."

필리핀 협동조합 개발청(Cooperative Development Authority, 이하 CDA)도 이와 유사한 정의를 제시하며, "보편적으로 인정된 협력 원칙에 따라 사업의 위험과 이익을 공평하게 분배한다"라는 점을 강조한다. 필리핀의 모든 협동조합은 조합원의 삶의 질 향상을 목표로 하며, 이를 위해 다음과 같은 구체적 목표를 설정하고 있다.

협동조합의 목표(출처: CDA 홈페이지)

경제적 향상 _상품과 서비스를 제공하고, 규모의 경제, 비용 및 위험 분담을 통해 순잉여금(Net Surplus)을 공정하게 배분하여 조합원의 소득, 저축, 투자, 생산성, 구매력을 높인다.
사회적 혜택_ 조합원에게 최적의 사회·경제적 혜택을 제공한다.

교육_ 조합원에게 효율적인 업무 수행법과 협력적 운영 방식, 새로운 경영 기법을 교육한다.
소외 계층 지원_ 저소득층과 소외된 계층의 경제적 참여를 확대한다.
협력 강화_ 목표 달성을 위해 정부, 타 협동조합, 사람 중심 조직과 협력하여 공동의 이익을 도모한다.

필리핀 협동조합법(RA 9520)은 협동조합 운영의 기본 원칙을 명확히 규정한다. 이는 협동조합의 정체성을 확인하고 지속가능한 운영을 위한 기준을 제공하는 요소다. 필리핀 협동조합의 7원칙은 국제협동조합연맹(ICA)이 제시한 원칙과 일치하며, 자발성, 민주적 통제, 경제적 참여, 자율성, 교육, 협력, 지역사회 관심을 강조한다.

협동조합법(RA 9520)에 명시된 '협동조합의 원칙'

자발적이고 개방적인 회원 협동조합은 성별, 사회적 배경, 인종, 문화, 정치, 종교적 차이와 관계없이 모든 사람에게 열려 있으며, 책임을 기꺼이 수용하는 이들에게 열려 있는 자발적인 조직이다.

민주적 조합원의 통제 협동조합은 조합원이 정책을 설정하고 의사결정에 참여하는 민주적 조직이다. 선출된 대표와 이사는 조합원에게 책무(accountable)가 있으며, 1차 협동조합은 '1인 1표'의 평등한 투표권을 보장하며, 다른 협동조합도 동일한 민주적 방식으로 구성된다.

조합원의 경제적 참여 조합원은 협동조합의 자본을 공평하게 출자하고 민주적으로 통제한다. 출자금 일부는 협동조합의 공동 재산으로 유지되며, 조합원은 출자금에 대해 제한된 보상이나 이자를 받는다. 협동조합의 발전을 위해 일부는 분할할 수 없는 준비금으로 설정해야 하며, 협동조합 사업에 기여한 정도에 따라 조합원들에게 혜택을 제공하고, 조합원이 승인한 기타 활동을 지원한다.

자율성과 독립성 협동조합은 조합원이 통제하는 자율적이고 자조적인 조직이다. 정부 등 외부 기관과 협약을 체결하거나 자금을 조달할 때는 구성원에 의한 민주적 통제를 보장하고 자율성을 유지해야 한다.

교육, 훈련 및 정보 협동조합은 조합원, 대표, 경영진, 직원에게 협동조합 발전에 효과적이고 효율적으로 기여할 수 있도록 교육과 훈련을 제공해야 한다.

협동조합 간 협력 협동조합은 지역·국가·국제적 차원에서 협력하며, 협동조합 운동을 강화하고 조합원에게 최상의 서비스를 제공한다.

지역사회에 관한 관심 협동조합은 조합원이 승인한 정책을 통해 지역사회의 지속가능한 발전을 위해 노력한다.

필리핀 협동조합법에 명시된 정의와 목표는 ICA의 자율·자조·자생의 원칙을 반영하며, 협동조합법의 모범 사례로 평가받고 있다(윤해진 외, 2014).

3. 협동조합 조직 체계

필리핀의 협동조합은 20여 개 이상의 유형으로 세분화 되어있다. 주요 유형에는 신용협동조합, 소비자협동조합, 생산자협동조합, 마케팅협동조합, 서비스협동조합, 다목적협동조합, 애드보커시(Advocacy) 협동조합, 농지개혁 협동조합, 협동조합은행, 유제품 협동조합, 교육협동조합, 전기협동조합, 금융서비스협동조합, 어민협동조합, 의료서비스협동조합, 주택협동조합, 보험협동조합, 교통협동조합, 물 서비스협동조합, 노동자협동조합 등이 있다. 이 외에도 농업협동조합, 지역사회 공동기금(CSF) 협동조합, 소규모 광업협동조합, 기술서비스협동조합, 노동서비스협동조합, 전문서비스협동조합 등 다양한 협동조합이 존재한다. 이는 한국의 협동조합이 사회적협동조합과 일반협동조합으로 나뉘고, 특별법에 따라 소비자생활협동조합, 농업협동조합, 신용협동조합으로 구분되는 것과 차이가 있다.

협동조합은 회원 구성에 따라 1차(Primary), 2차(Secondary), 3차(Tertiary) 협동조합으로 나뉜다. 1차 협동조합은 소비자나 생산자가 직접 참여하여 상품을 생산·유통하는 협동조합이다. 2차 협동조합은 1차 협동조합들이 모여 자원을 공유하고 시장 진출을 지원하는 역할을 한다. 3차 협동조합은 2차 협동조합들이 모여 지역, 국가, 국제적 차원에서 협력을 조직하고 지원하는 역할을 맡는다.

또한, 필리핀 협동조합의 특징 중 하나는 협동조합 클러스터(Cluster)[1]가 체계적으로 운영된다는 점이다. 클러스터는 크게 지역 클러스터형 조직(RCOs: Regional Clustered Organizations)과 부문별 에이펙스 조직(SAOs: Sectoral Apex Organizations)으로 나뉘며, 최종적으로 전국협동조합연합회(NAC: National Alliance of Cooperatives)로 통합된다.

전국적으로 운영되는 3차 협동조합 및 연합은 국가 차원에서 SAOs로 인정받는다. 각 SAOs 대표의 공식 목록은 CDA(협동조합 개발청)에 제출해야 하며, SAOs 조직 회의는 모든 RCOs가 조직되고 인정된 이후에 개최한다. 조직 회의의 정족수는 해당 협동조합의 50%로 정하고 있다.

1) 지역 클러스터형 조직(RCOs: REGIONAL CLUSTERED ORGANIZATIONS)

필리핀 전역을 16개의 지역 조직으로 나눈 RCOs는 정부의 초청을 받아 각 지역 협동조합이 공식 대표자를 선출하는 방식으로 운영된다. 지역 클러스터는 협동조합 유형별, 지역별, 도시별 대표를 선출하며, 다목적협동조합은 여러 클러스터에 동시 가입할 수 있다. RCOs는 지역 수준에서 협동조합 간 협의체 역할을 하며, 1차, 2차, 3차 협동조합에 의해 인정된 협회이자 연합체다. 자

---

[1] 기업·대학·연구소 따위가 한군데 모여서 서로 간에 긴밀한 연결망을 구축하여 상승효과를 끌어낼 수 있도록 한 곳.
https://cda.gov.ph/updates/cda-discuss-ga-meetings-nac-saos-and-rcos)

격을 갖춘 협동조합이나 연합체는 자동으로 RCOs 회원으로 가입된다. 조직 회의의 정족수는 25%이다.

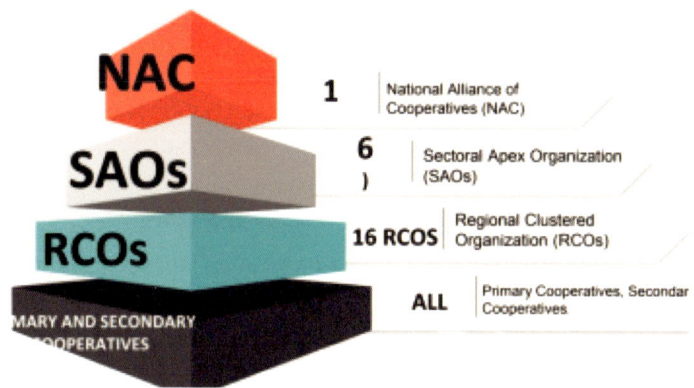

[그림 1] Orgainzation of National Alliance

출처: CDA. 2020, 50pp. 'NAC, SOAs and RCOs MC.pdf'.
(https://cda.gov.ph/updates/cda-discuss-ga-meetings-nac-saos-and-rcos/)

2) 부문별 에이펙스 조직(SAOs: SECTORAL APEX ORGANIZATIONS)

SAOs는 신용·금융서비스, 은행, 보험협동조합 등 부문별로 나뉘며, 총 6개의 주요 클러스터로 구성된다. SAOs는 각 부문의 대표자로 임원을 구성하며, 정책 및 규정 마련과 관련된 우선순위를 정하고 다양한 이니셔티브와 프로그램을 수행한다. 예를 들어 신용 및 금융 부문의 경우, RCOs의 회장과 협동조합은행, 보험협동조합, 신용보증기금 협동조합은 각각 두 명씩 대표로 참여한다.

2022년 기준 전국협동조합연맹(NAC)에서 인정받은 6개 부문의 협동조합 클러스터 조직과 103개의 지역 클러스터 조직이 협동조합을 대표하는 조직 체계를 갖추고 있다. SAOs의 주요 부문은 다음과 같다.

SAOs의 주요 부문

- 농업·농촌·양식업·농민·유제품 및 어민 협동조합 클러스터(Agriculture, Agrarian, Aquaculture, Farmers, Dairy, and Fisherfolk Cooperatives Cluster)
- 소비자·마케팅·생산자 및 물류 협동조합 클러스터 (Consumers, Marketing, Producers, and Logistics Cooperatives Cluster)
- 신용 및 금융서비스, 은행 및 보험협동조합 클러스터 (Credit and Financial Services, Banking, and Insurance Cooperatives Cluster)
- 교육, 애드보커시 및 노동조합 협동조합 클러스터(Education, Advocacy, and Union Cooperatives Cluster)
- 휴먼 서비스: 건강·주택·근로자 및 노동 서비스협동조합 클러스터 (Human Services: Health, Housing, Workers, and Labor Service Cooperatives Cluster)
- 공공 유틸리티: 전기·물·통신 및 교통 협동조합 클러스터 (Public Utilities: Electricity, Water, Communications, and Transport Cooperatives Cluster)

필리핀 협동조합 클러스터는 2022년 기준으로 연간 40회 이상의 회의 및 활동을 진행했다. 소비자·마케팅·생산자 및 물류 협동조합 클러스터는 정책·지침·프레임워크·계획·프로그램 조정하며, 무역 박람회를 열어 협동조합 제품 전시·판매 및 파트너십 확대를 도모했다. 신용·금융서비스·은행·보험 협동조합 클러스터는 필리핀 전체 협동조합 자산가 순 잉여금의 58.8%를 차지하며, 2022년 기준 83개의 빌리어네어 협동조합(Billionaire Cooperatives)이 모두 이 클러스터에 포함된다. 이들 대형 협동조합은 소규모 협동조합을 지원하는 재정·기술 프로그램을 운영하며, 파트너십 강화를 위해 2022년 5월 제1차 빌리어네어 협동조합 총회를 개최했다. 교육·애드보커시·노동조합 협동조합 클러스터는 회원 수는 적지만 꾸준한 성장을 보인다. 필리핀 공화국법 제11364호에 따라 협동조합의 발전을 위해 주립대학 및 단과대학(SUCS)과 협력하여 협동조합 임원과 구성원의 교육·훈련을 강화한다. 대표적인 파트너 기관으로는 아테네오 데 나가대학, 비콜대학, 불라칸 주립대학, 카탄두아네스 주립대학, 센트럴 루손 주립대학 등이 있으며, 이를 통해 협동조합 관련 강좌와 과목을 개설하고 협동 정신을 함양하는 데 기여하고 있다. 이처럼 필리핀 협동조합은 업종별 클러스터를 기반으로 협동조합다운 협력 모델을 구축하며, 체계적인 조직 운영을 통해 지속적인 발전을 이루고 있다. 2022년 기준 필리핀 협동조합 6개 클러스터별 규모는 다음과 같다(CDA. 2022).

클러스터 분야	협동조합 수	조합원 수	고용 수	자산 (Billion PHP)	순잉여금 (Billion PHP)
신용 및 금융서비스, 은행 및 보험	9,048	9,702,896	165,907	549.09	23.87
농업·농촌·양식업· 농민·유제품 및 어민	7,092	1,893,222	40,288	87.26	3.72
비자·마케팅·생산자 및 물류 협동조합	5,099	4,412,623	53,770	220.47	10.31
공공 유틸리티: 전기·물·통신 및 교통	2,235	2,058,170	18,411	47.79	0.89

〈표 1〉 필리핀 협동조합 클러스터별 규모

출처: CDA. CDA.Philippines Cooperative Annual Report(2022)의 〈Table 2: Cooperative Statistics per Cluster for FY 2022〉 정리. https://cda.gov.ph/publication_category/annual-report/ 단, 등록된 협동조합은 하나 이상의 클러스터로 분류되는 경우가 있어서 전체 협동조합 수와 차이가 발생할 수 있음

3) 전국협동조합연합회(NAC: NATIONAL ALLIANCE OF COOPERATIVES)

NAC는 국가 차원에서 협동조합의 주요 문제와 관심사를 대표하며, 협동조합 간 협의와 조정을 담당하는 SAOs 조직으로 인정받는 협회이다. NAC는 모든 SAOs가 구성되고 승인된 후에만 공식적으로 활동할 수 있으며, 부문별 최고 조직의 상임 대표 2명과 교체 대표 1명, 각 SAOs별 3명 이하의 대표로 구성된다. 즉, NAC는 CDA의 감독 아래 CDA 이사회가 주도하며,

각 SAOs의 대표들로 이루어진다. NAC 회의는 해당 협동조합의 100% 출석을 원칙으로 진행된다. 또한, 국가 차원의 협력 개발 계획을 수립·이행하고, 합리적인 수수료를 징수하며, 활동 보고서를 CDA에 제출한다.

결론적으로, 필리핀 협동조합 조직 체계는 지역부터 국가까지 계층적으로 구성되며, 모든 조직은 CDA의 관리와 감독하에 운영된다. 이를 통해 협동조합의 문제를 효과적으로 협의하고 조정할 수 있는 체계가 마련되어 있다는 긍정적인 평가가 있지만, 동시에 행정 중심의 위계 구조에 대한 우려도 제기될 수 있다.

4. 협동조합 관리 및 지원체계

1) 협동조합 설립절차

필리핀에서 협동조합을 설립하는 절차는 비교적 까다롭다. 필리핀 협동조합법(RA 9520)은 협동조합 설립의 조건과 절차를 명확히 규정하고 있다. 최소 15명의 회원이 모여 일정 금액 이상의 출자금을 마련해야 하며, 필수 교육을 이수하고, 협동조합의 구조 및 회계 담당자 배치 등을 포함한 경제조사서를 제출하는 등 여러 요건을 충족해야 한다.

협동조합 설립 조건 및 단계(RA 9520)

- 최소 15명의 회원이 있어야 하며, 협동조합 설립 전 조직 및 행정 업무를 담당할 전담 핵심 인력을 구성해야 한다.
- 협동조합 명칭을 사전 신청하고(CNRRF 양식 작성), CDA 중앙 사무국 또는 지역 확장 사무국에 제출해야 한다.
- 협동조합의 구조, 목적, 회계 담당자 등의 정보를 포함한 경제 조사서(Economic Survey)를 준비해야 한다.
- 협동조합 운영 규칙과 규정을 담은 조례를 작성해야 한다.
- 협동조합의 기본 정보를 제출해야 한다(명칭, 사업 목적, 현황, 주소, 회원 명단, 출자금 등).
- 책임 임원의 보증채권(Surety Bond)을 확보해야 한다. 보증채권은 정식 등록된 보험 또는 보증 회사에서 발급하며, 협동조합의 자금, 증권, 재산을 취급하는 모든 이사와 임원에게 적용된다.
- 재무 담당자의 서약서를 제출해야 한다. 이는 전체 승인 자본금(Authorized Share Capital)[2]의 최소 25%가 납입되었음을 증명하는 문서로, 협력 조항에 첨부해야 한다. 납입 출자금(Subscribed Share Capital)[3]은 최소 15,000페소(약 36만 원), 전체 자본금은 최소 60,000페소(약 150만 원) 이상이어야 한다.

---

[2] 승인 자본금은 기업이 발행할 수 있는 최대 주식(출자금) 총액으로, 조직이 필요에 따라 일부만 발행할 수 있으며, '발행 가능 주식(출자금)'으로도 번역하기도 함
[3] 납입 출자금은 조합원(또는 투자자)이 협동조합에 출자하기로 약정한 금액을 의미하며, 승인 자본금 내에서 일부 금액만 실제로 출자 약정될 수 있음. '약정 출자금'으로 번역하기도 함

- 1차(단위) 협동조합의 예비 회원은 사전 회원 교육 세미나 (PMES) 를 반드시 이수해야 한다.
- 협동조합 등록 시 CDA에 다음 서류를 제출해야 한다.
  - 경제 조사(Economic Survey)
  - 협력 정관 및 부칙(Articles of Cooperation and By-Law)
  - 책임 있는 임원의 보증채권 (Surety bond of acountable officers)
  - 회계사의 진술서(Treasurer's Affidavit)
  - 협동조합명 예약 증명서
  - (Approved Cooperative Name Reservation Slip)
  - 전 멤버십 교육 세미나(PMES: Pre-Membership Education Seminar) 수료증

이 외에도 협동조합 유형에 따라 추가 서류가 요구된다. 예를 들어, 농지개혁협동조합은 토지 소유권 증명서와 국토부 확인서가 필요하며, 주택협동조합은 주택 건설을 위한 사전 타당성 조사서를 제출해야 한다. 또한, 협동조합의 유형과 규모에 따라 등록비가 달라진다. 일반적으로 1차 협동조합의 등록비는 총 납입 자본금의 1%의 1/10 또는 500페소 중 높은 금액으로 산출된다. 전기협동조합, 수도사업 협동조합, 협동조합은행, 보험협동조합 등 일부 유형은 사업 규모와 특성을 고려해 5,000페소의 등록비가 부과된다. 기술 서비스협동조합은 총 납입 자본금의 1/10 또

는 10만 페소 중 높은 금액을 납부해야 한다. 2차 협동조합은 총 납입 자본금의 1/10 또는 2,000페소 중 높은 금액, 3차 협동조합은 총 납입 자본금의 1%의 1/10 또는 5,000페소 중 높은 금액이 등록비로 책정된다(CDA, 2023: 7~8).

필리핀 협동조합 설립 과정에서 주목할 점은 필수 교육과정이 있다는 점이다. 사전 회원 교육 세미나(PMES)는 협동조합 가입 전 필수적으로 이수해야 하는 과정으로, 협동조합의 의미와 원칙, 유형별 특징 등을 교육한다. 교육은 지역 센터에서 직접 참석하거나, 협동조합 클러스터별로 마련된 온라인 강좌[4]를 통해 수강할 수 있다. 강의 커리큘럼은 클러스터별로 제작하여 제공한다.

2) 협동조합 개발청(CDA)

CDA는 필리핀에서 모든 협동조합을 등록하는 유일한 정부 기관으로, 주요 사무소는 케손시에 있다. 1차 협동조합의 등록 업무는 16개의 지역 확장사무소(Extension Offices)에서 담당한다. CDA는 협동조합의 지속적인 성장과 발전을 촉진하며, 사회정의와 균형 잡힌 국가 발전을 위한 선도 기관으로서 협동조합의 등록, 규제, 진흥, 정보 수집 및 통계 작성을 책임진다. 주요 역할은 다음과 같다.

첫째, 협동조합의 등록, 규제, 홍보 및 개발을 담당하며, 이를

---

[4] 온라인 사전 회원 교육 세미나(PMES) 사이트: http://globaldollarbuilder.net

통해 사회정의와 형평성을 실현하고 균형 잡힌 국가 발전을 도모한다. 모든 협동조합은 CDA 지역 확장사무소에 신청서를 제출해야 한다. 둘째, 국가 정책에 부합하는 통합적이고 포괄적인 협동조합 개발 계획과 프로그램을 수립 및 실행한다. 예를 들어, 2018~2022년 필리핀 협동조합 개발 계획(PCDP: Philippine Cooperative Development Plan)을 수립하였다(PCDP, 2018-2022년). 셋째, 협동조합 관련 정보를 중앙집중화하고 체계적인 통계를 작성한다. 2011년부터 협동조합 데이터를 체계적으로 수집하고 있으며, 보고 기준을 준수하지 않는 협동조합은 '비보고 협동조합'으로 분류해 별도로 관리한다. 이를 통해 더욱 정확한 협동조합 통계를 제공한다.

또한, CDA는 기술 자문 서비스(Technical Advisory Services), 규제 서비스(Regulatory Services), 개발 서비스(Developmental Services)를 주요 서비스로 제공한다. 첫째, 기술 자문 서비스는 교육, 멘토링, 컨설팅, 법률 지원 등을 지원한다. 둘째, 규제 서비스로 협동조합 등록, 감시, 집행 등을 통해 협동조합 운영의 안전성과 법적 준수를 보장하고, 성과를 모니터링하며 필요한 지원을 제공한다. 마지막으로 개발 서비스는 파트너십과 협력을 통해 더욱 강력한 협동조합을 구축하기 위한 것으로, 대표적으로 쿱 카파티드(Koop Kapatid) 프로그램을 운영한다. 이는 중·대규모 협력 협동조합이 경영, 기술 및 재무 기술에 대한 멘토링이 필요한 초

소규모 수혜 협동조합을 지원하는 프로그램이다. CDA는 이 프로그램의 활동을 모니터링하고 문서화하며, 파트너 협동조합이 진행 상황을 보고하도록 요구한다.

필리핀 협동조합 관리체계의 특징은 재무 관리와 운영에 대한 책임을 엄격히 규정하며, 명확한 감사 및 조사 의무를 부여한다는 점이다. 이사, 임원, 직원은 자금, 증권, 재산을 관리할 때 반드시 보증보험에 가입해야 하며, 등록 및 갱신 시 변경 사항을 CDA에 보고해야 한다. 대표적으로 모든 협동조합은 성과 감사보고서(PAR: Performance Audit Report)를 제출해야 한다. 성과 감사보고서는 협동조합의 비전, 목표, 사회적 사명에 대한 영향을 평가하는 사회 감사를 포함하며, 협동조합법(R.A. No. 9520)에 따라 매년 재무, 성과, 사회 감사를 받아야 한다(80조). 또한, 협동조합은 사회·시민 사업을 포함한 정기 보고서를 작성해 회계연도 말에 성과를 보고해야 한다(53조). 감사보고서는 협동조합의 사회적 개발 계획 및 예산 성과를 검토하며, 사회적 결과와 변화 과정을 분석하는 중요한 평가 과정이다(CDA, 2018). 이를 통해 협동조합의 재정적 성과뿐 아니라 비재무적 성과를 평가할 수 있으며, CDA가 적절한 개입을 결정하는 기준이 된다. 미제출 시 협동조합은 '비보고 협동조합'으로 분류되며, 연체일마다 100페소의 벌금이 부과된다. 필리핀 정부는 법적 절차를 거쳐 협동조합을 해산하거나 등록을 취소할 수도 있다. CDA는 감사보고서를 바탕으로 현장 조사를 시행해 이를 검증한다(CDA, 2021:3).

한편, 필리핀 협동조합법은 비교적 협동조합 친화적이지만, CDA의 규제 역할에 대한 재검토가 필요하다는 지적도 있다. ICA는 CDA가 성과 기준을 충족하지 못하는 협동조합을 강제 통합하거나 폐업 조치하는 것이 소규모 협동조합(77.3%)의 지속가능성을 저해할 수 있다고 우려한다(ICA, 2016). 이에 필리핀 정부는 최소 규모 협동조합에 대해 5년간 감사보고서 제출 의무를 면제하는 조치를 도입하였으나, 이후 자발적 운영이 제한될 가능성이 있다는 점에서 제도 개선이 필요하다. 다만, 이러한 한계에도 불구하고 필리핀 협동조합은 감사보고서 제도를 활용하여 사회적·경제적 성과를 체계적으로 관리하고 공유함으로써 협동조합 생태계의 성장과 발전에 기여하는 측면이 있다.

3) 협동조합 지원체계

필리핀 협동조합의 대표적인 권리 및 지원사항은 세금 혜택, 공공 조달 우선권 등이다. 구체적으로 살펴보면 다음과 같다.

(1) 세금 혜택

필리핀에서 협동조합의 대표적인 지원은 세금 면제 혜택이다. 조합원과의 거래에 대해서는 소득세, 부가가치세, 간이과세, 증여세, 소비세, 인지세, 연간 사업면허세(500페소), 이자세(20%), 금융 소득세(7.5%) 등이 면제된다. 전기협동조합의 경우 부가가치세만 면제된다. 비조합원과의 거래도 일정 조건에서 혜택을 받는다. 누적 유보액이 1,000만 페소 이하인 협동조합은 내국세가 면제되며, 협동조합 활동에 필요한 장비와 부품을 수입할 때도 세금이 면제된다. 유보액이 1,000만 페소 이상이면 자본에 대한 이자소득세 및 부가가치세도 면제된다. 또한, 은행 및 보험회사와의 거래에서 발생하는 세금뿐 아니라 협동조합법 또는 CDA에 의한 법률 소송 시 모든 법정수수료와 보안 수수료도 면제된다(윤해진 외, 2014: 101-104).

필리핀의 협동조합 세금 면제 제도는 국제적으로도 이례적이다. 만디그마와 바독-곤잘레스(Mandigma & Badoc-Gonzales, 2022)에 따르면, 6개 대륙 56개국 중 필리핀과 파나마만이 협동조합에 대해 모든 세금을 포괄적으로 면제하고 있다. 다른 나라에서도 협동조합에 일부 세금 혜택을 부여하지만, 이처럼 전면적인 면세 제도를 운용하는 국가는 이 두 나라뿐이다(pp. 154~156). 이처럼 강력한 세제 지원은 필리핀 협동조합의 성장과 지속가능성을 높이는 핵심 요소로 평가된다.

반면, 한국에서는 사회적 협동조합만 일부 세금 면제가 적용된다. 송재일(2022)은 사회적 협동조합과 일반협동조합을 구분하는 법제가 협동조합의 본질을 간과하고 있으며, 세제 혜택의 형평성에도 문제가 있다고 지적하고 있다(송재일, 2022: 141~142).

(2) 공공 조달 우선권

필리핀은 협동조합의 공공 조달 권리를 폭넓게 보장한다. 협동조합은 정부 기관 및 공공기관에 농산물과 수산물을 우선 공급할 수 있으며, 비료 배분 및 쌀 유통에서도 우대받는다. 시장판매자 협동조합은 공공시장 관리와 시설 임대에서 우선권을 가지며, 학교 구내식당 운영 등 교육기관 관련 사업에서도 혜택을 받는다.

협동조합은 정부 및 공공기관과의 계약에서도 유리한 조건을 적용받는다. 정부 조달법(공화국법 9184)에 따르면, 협동조합은 사전자격 심사 입찰 요건이 면제된다. 이는 협동조합 지원 조항이 다른 법률보다 우선 적용된다는 협동조합법의 원칙에 따른 것이다. 실제로 정부 조달법(공화국법 9184)의 규정에 따른 공공기업의 조달은 원칙적으로 법적 규정을 따라야 하지만, 협동조합은 예외 규정을 통해 사전자격 심사 입찰 요건을 면제받는다. 한국에서도 사회적 협동조합에 대해 공공기관 우선구매를 권고하지만, 필리핀처럼 모든 협동조합이 동일한 권리와 특혜를 누리는 것은 아니다.

(3) 기타 권리 및 특혜

이 외에도 협동조합의 권리는 다양한 영역에서 지원되고 있다. 구체적으로 살펴보면, 첫째, 금융 지원이 강화되어 있다. 필리핀 신용협동조합과 연맹은 중앙은행을 제외한 개발 은행, 국립은행, 토지은행 등으로부터 대출, 신용한도, 재할인 등의 혜택을 받을 수 있다. 또한, 협동조합이 추진하는 주택 프로젝트는 정부 금융기관으로부터 사회적 주택 프로젝트와 유사한 조건으로 자금을 지원받을 수 있다. 협동조합은 공동 대출 형태로 자금을 조달

받는다. 둘째, 공무원의 협동조합 참여가 보장된다. 필리핀에서는 공무원이 협동조합의 조합원이나 임원으로 활동하는 데 제약이 없으며, 협동조합 회의 참석 시 근무 시간 활용도 가능하다. 공무원 협동조합은 정부가 소유하거나 임대한 공간을 법률적 제한 없이 자유롭게 사용할 수 있다.

반면, 한국에서는 공무원이 '국가공무원 복무규정' 제25조 및 '지방공무원 복무규정' 제10조에 따라 사회적 협동조합에 한해 가입이 가능하다. 또한, 협동조합에서 직무를 겸하려면 소속 기관장의 사전 허가를 받아야 한다.

5. 협동조합 현황 및 성과

1) 필리핀 협동조합 규모

CDA 연차 보고서와 통계에 따르면, 2011년 필리핀 협동조합 수는 2만 개를 넘었으며, 조합원 수는 약 650만 명, 직접 고용자는 20만 명, 총자산은 16억 페소에 달하는 것으로 집계되었다. 2022년에는 협동조합 수가 비슷한 수준을 유지하는 가운데 조합원 수는 1,200만 명을 넘어 두 배 가까이 증가했다. 직접 고용자는 33만 명, 자산 규모는 6,232억 페소(한화 약 15조 원, 1PHP=24.0원 기준)로 400배 이상 성장했다. 다음 표는 2011년과 최근 2020~2023년 필리핀 협동조합 규모의 주요 지표를 정리한 것이다.

연도	협동조합 수	조합원 수	고용자 수	자산	순 잉여금
2023보고 (2022기준)	22,287 (신규 1,535)	약 12,400,000	312,300	719.3	23.7
2022보고 (2021기준)	21,239 (신규 1,134)	약 12,100,000	334,300	623.2	26.9
2021보고 (2020기준)	21,726 (신규 1,259)	약 11,800,000	345,600	616.7	16.0
〰️	〰️	〰️	〰️	〰️	〰️
2011 (등록)	20,792	6,547,980	201,225	1.6	

〈표 2〉 필리핀 협동조합 규모 [단위: 개/ 명/ Billion PHP]
출처: CDA. Statistics. https://cda.gov.ph/cda-updates/statistics/

2022년 필리핀 협동조합의 총수입(Volume of Business)은 5,258억 페소로, 필리핀 GDP(4,043억 달러, 1usd=57.00php 환산)의 약 13%를 차지한다. 이는 협동조합이 국가 경제에서 차지하는 비중이 상당하다는 것을 보여준다. 또한, 체계적인 통계조사와 성과 관리는 협동조합 정책 수립과 인식 개선에 중요한 역할을 한다.

반면, 한국에서는 협동조합에 대한 전수조사가 이루어지지 않고 있다. 기획재정부가 실시하는 '한국 협동조합 실태조사'는 협동조합 기본법상 협동조합과 사회적 협동조합만을 대상으로 하며, 소비자생활협동조합이나 신용협동조합 등 특별법에 따른 협동조합은 포함하지 않는다(기획재정부, 2020). 또한, 행정조사는 국세청 사업자등록 데이터베이스를 활용하여 법인세 납부 여부와 고용보험 가입 여부를 추정하는 방식으로 이루어지며, 표본조사는 일부 협동조합을 대상으로 설문을 진행해 평균치를 도출하는 방식이기 때문에 전체 매출이나 고용자 수를 정확히 파악하는 데 한계가 있다.[5]

2) 지역별 협동조합 현황

필리핀 협동조합은 CDA 지역사무소를 기준으로 16개 지역으로 구분된다. 이 중 마닐라와 주변 도시를 포함하는 NCR(National Capital Region)이 협동조합 수와 조합원 수에서 가장 크며, 고용자 수와 자산 규모 또한 다른 지역보다 월등히 많다. 그러나 필리핀 전역에서 협동조합이 균형 있게 설립·운영되고 있으며, 전국적인 성장세를 보이고 있다.

No	Region	협동조합 수	조합원 수	고용자 수	자산	순잉여금
1	Region I	1,175	747,928	10,792	35.6	0.6
2	Region II	1,083	902,939	8,701	34.2	0.8

---

5 국제노동기구(ILO)는 협동조합이 국민소득과 고용에 미치는 영향을 분석하고 국제 비교가 가능하도록 2021년부터 이탈리아, 코스타리카, 튀르키예, 탄자니아, 한국 등 5개국에서 시범 사업을 시행했으며, 2023년 6월 부산에서 열린 'ILO 협동조합 통계 국제 콘퍼런스'에서 그 결과를 발표했다. 한국도 국제 기준에 부합하는 통계조사 지침을 마련하고 협동조합의 정확한 규모와 성과를 파악할 수 있는 시스템 구축의 필요성을 인식하고 있으나, 아직 초기 단계에 머물러 있다. 2024년 공정거래위원회가 최초로 '제1차 소비자생활협동조합 실태조사' 결과를 발표하였지만, 협동조합이 특별법에 따라 세분되어 있어 여전히 통합적인 통계 구축이 이루어지지 않고 있다. 이에 따라 한국의 협동조합 통계는 여전히 기초적인 수준에 머물러 있으며, 더 체계적인 조사와 일관된 통계 시스템 구축이 필요한 상황이다.

3	Region III	2,345	703,145	15,570	39	1.1
4	NCR	1,877	1,812,690	121,681	179.3	6.9
5	CAR	871	696,094	5,200	41.4	1.6
6	Region IV-A	1,826	685,084	19,439	31.9	3.7
7	Region IV-B	676	264,705	6,009	11.4	0.2
8	Region V	1,093	348,032	4,311	13.2	0.3
9	Region VI	1,382	850,765	19,314	31.9	0.7
10	Region VII	1,386	1,272,685	17,515	56.7	1.9
11	Region VIII	871	435,691	4,646	15.7	0.4
12	Region IX	822	969,990	6,396	11.2	0.3
13	Region X	1,537	1,017,765	22,681	46.8	5.1
14	Region XI	1,284	805,507	21,918	44.1	2.1
15	Region XII	924	348,518	46,642	19.6	0.5
16	Region XIII	953	247,138	3,437	11.3	0.5
Total	Billion PHP	20,105	12,108,676	334,252	623.3	26.7
	Billion Won				14,959.2	640.8

〈표 3〉 필리핀 협동조합 지역별 규모 및 성과(2022년 기준, 2023년 보고)

출처: CDA Annual Report 2023(2022년 기준).
https://cda.gov.ph/publications/annual-report-2023

6. 협동조합 생태계 구축 전략

필리핀 협동조합의 지속적인 성장 사례는 협동조합 모델의 큰 잠재력을 보여준다. 식민지 경험과 독재정권을 겪으면서 법적 기반을 다져온 필리핀 협동조합은 헌법적으로 사회경제적 역할을 인정받아 변화를 이끌어왔다.

필리핀 협동조합의 역사는 외세와 정치적 격변을 극복하며 협동조합 원칙의 법제화를 이루어내는 과정으로 요약된다. 1990년

협동조합법은 자율성, 자조 정신, 민주적 운영 등 국제협동조합연맹(ICA)의 원칙을 명시하여, 협동조합의 복리 증진을 위한 토대를 마련하였다. 협동조합의 조직 구조는 효율성을 극대화하는 계층적 협력 체계를 갖추고 있다. 지역, 부문, 국가 간 협력으로 자원과 정보를 공유하는 시스템은 지속가능한 성장을 뒷받침한다. CDA는 협동조합의 등록, 감사, 정책 지원을 통해 협동조합의 재무 건전성과 사회적 성과를 동시에 평가하는 시스템을 구축하였다. 설립 절차의 엄격성도 중요한 요소로 작용한다. 15인 이상의 조합원 확보, 필수 교육 이수 등은 협동조합 품질 관리를 위한 필터 역할을 수행하며, 이는 초 소규모 협동조합을 위축시킨다는 우려도 있다.

필리핀 정부는 관리와 감독뿐만 아니라 적극적인 지원정책을 동시에 펼치고 있다. 세금 면제, 공공 조달 우선권 부여 등은 협동조합의 경쟁력을 높이는 중요한 요소로 작용한다. 필리핀 협동조합의 총자산은 최근 10년간 약 400배 증가하였으며, GDP의 13%를 차지하는 등 국가경제에 미친 영향이 크다.

필리핀의 경험은 한국 협동조합의 제도 개선을 위한 다각적 시사점을 제공한다. 첫째, 질적 성장을 위한 법제도 정비가 시급하다. 협동조합의 사회경제적 역할을 헌법적으로 재정의하고, 운영 원칙을 구체화하는 법 제정이 요구된다. 둘째, 교육과 관리 시스템 강화를 통해 조직의 지속가능성을 확보해야 한다. 설립 전 필수 교육 프로그램 도입과 성과 평가 체계 구축은 협동조합의 책임성과 전문성을 높이는 토대이기 때문이다. 셋째, 통계조사와 성과 분석 시스템의 미비를 보완해야 한다. 현재 한국의 협동조합 통계는 일반협동조합과 사회적협동조합에 제한되어 있어 특별법에 근거한 협동조합의 전체적 영향력 평가에 한계가 있다. 필리핀 모델을 참고하여 협동조합의 경제적·사회적 기여도를 정량화하는 체계를 마련할 필요가 있다. 넷째, 세제 혜택과 법적 지원 확대를 통해 협동조합의 실질적 활동을 촉진해야 한다. 조합원 간 거래에 대한 세금 감면, 공공시장 접근성 강화 등은 협동조합의 경쟁력 강화와 직결된다. 마지막으로, 2차·3차 협동조합의 활성화를 통해 협동조합 간 네트워크를 강화해야 한다. 수직적·수평적 협력 체계는 자원 공유와 정책 대응력을 높이는 동시에, 협동조합 생태계의 내구성을 증진하는 뼈대가 될 것이다.

결론적으로, 필리핀 사례는 협동조합의 발전에 있어 튼튼한 제도 설계와 안정적인 조직 체계, 지속적인 관리 및 지원체계라는 기본기가 중요한 힘을 발휘한다는 것을 보여주는 좋은 사례이다. 이러한 점에서 이 연구를 계기로 필리핀 협동조합에 대한 더 많은 관심과 연구가 이어지길 기대한다. ◖ 글 신수경

민다나오 CDA와 지역 협동조합 인터뷰

2024년 2월 2일, 한신대학교 사회혁신경영대학원 필리핀 방문팀은 민다나오 지역의 CDA 지역사무소에서 마리아 테레사와 '마누엘 기앙가·시리브 농업인 및 직원 다목적 협동조합(MAGSIGE MPC, 이하 마누엘 다목적협동조합)'의 최고경영자 아그리피노(Agripino)를 만났다. 민다나오 CDA는 1991년에 설립되었으며, 민다나오 지역 내에 5개의 지역사무소가 운영되고 있다. 현재 민다나오 지역에는 882개의 협동조합이 등록되어 있다. 이번 인터뷰를 통해 민다나오 CDA의 주요 역할과 마누엘 다목적협동조합 사례를 통해 필리핀 개방형 협동조합의 특징을 알아보았다.

1. 민다나오 CDA의 주요 역할 및 특징

필리핀에 등록된 협동조합은 매년 의무적으로 연차 보고서를 제출해야 하며, 협동조합이 준수해야 할 의무 사항을 관리하고

한신대학교 사회혁신경영대학원의 학생과 교수가 민다나오 지역 CDA 지역사무소 직원과 인터뷰를 진행하고 있다

기술 및 교육을 지원하는 것이 CDA의 주요 역할이다. CDA는 기능에 따라 규제그룹과 개발그룹으로 나뉜다.

  규제 담당 직원은 협동조합을 매년 점검하고 규정을 준수하고 있는지 확인한다. 이를 위해 점검 도구와 체크리스트를 활용하여 협동조합에 대한 심사를 진행하며, 문제가 발생하면 조사와 검사를 시행하는 역할도 맡고 있다. 규제부서에서는 공인회계사(CPA)가 협동조합 문서를 감사하고 관리한다.

개발 담당 직원은 민다나오 882개 협동조합을 방문하여 기술 지원 등의 업무를 담당한다. 중대형 협동조합은 주로 기술지원을 받고, 소형 협동조합에는 밀착 지원이 이루어진다. 또한, 협동조합 점검에서 나온 결과들이 적절히 해결될 수 있도록 관리하고, 규정을 제대로 준수했는지 확인하고 후속 조치를 취한다. CDA는 협동조합을 위한 필수 교육을 제공하며, 교육 내용은 협동조합의 기본 이해와 거버넌스, 관리 등으로 구성된다. 협동조합은 이러한 교육을 이수 후 CDA에 제출해야 한다. 개발 부서는 기술지원 그룹과 재정 관리 부서가 원활하게 운영되도록 돕고, 예비협동조합 회원에게 사전 등록 세미나(PMES) 프로그램을 제공하여 협동조합 승인 여부를 결정하는 역할도 수행한다. 즉, CDA는 협동조합의 검증을 수행하고, 파트너 이해관계자 및 지방 정부와의 조정을 관리하는 역할을 맡고 있다.

또한, 필리핀의 많은 사회적협동조합은 유럽이나 미국의 모델에서 영감을 얻었다. 필리핀 협동조합의 대표적인 특징은 다른 기업과 달리 세금이 면제된다는 점이다. 이러한 세금 혜택은 소규모 사회적기업의 설립을 장려하고 성장할 수 있도록 돕기 위한 정부의 지원 사항이다. 그러나 세금 혜택은 자동으로 주어지지 않는다. 협동조합은 세금 면제 증명서를 받기 위해 필요한 서류와 보고서를 CDA에 제출해야 하며, 연차 보고서에서 요구하는 서류가 완비되어야 세금 면제 혜택을 받을 수 있다. 제출된 보고서는 CDA의 검토를 거쳐 국세청에 전달되며, 협동조합은 스스로 세금 면제 자격을 증명해야 한다. 이를 위해 협동조합이 지역사회에 얼마나 기여했는지를 보고서로 증명해야 하므로, 매년 보고서를 제출하는 것이 필리핀 협동조합의 특징이다.

2. 마누엘 다목적협동조합 사례

필리핀 협동조합은 폐쇄형과 개방형으로 구분된다. 폐쇄형 협동조합은 특정 자격 조건을 갖춘 회원만 가입할 수 있지만, 개방형 협동조합은 지역사회 누구나 회원이 될 수 있다. 마누엘 다목적협동조합(MAGSIGE MPC)은 개방형으로 운영되며, 정부와 협력하여 다양한 비즈니스 활동을 진행하고 있다. 마누엘 다목적협동조합은 2008년에 조직되었으며, 같은 해 9월 10일 협동조합 개발청에 정식 등록되었다. 이 협동조합은 당시 바나나 재배자들이 겪고 있던 노동 비효율성을 해결하기 위해 설립되었고, 설립 이후 다바오 지역과 필리핀 전역에서 가장 성과가 좋은 협동조합 중 하나로 성장하였다(https://magsige.com 참조). 현재 약 18,000명의 조합원이 있으며, 그중 상당수는 다바오 지역의 여러 사업체에 근로자로 파견된 사람들이다. 마누엘 다목적협동조합은 단순한 일자리 제공을 넘어, 지역사회에 직접적인 고용 창출에도 기여하고 있다. 현재 약 9,000명의 직원을 고용하고 있으며, 조합원의 가족을 위한 교육 프로그램도 운영한다.

조합원들은 저축과 정기예금을 통해 이자를 받을 수 있으며,

CDA 산하 협동조합 연구, 정보 및 교육 섹션(CRITS) 부서의 책임자인 마리아 테레사가 필리핀 협동조합 지원 정책을 설명하고 있으며(가운데에서 왼쪽), MAGSIGE MPC의 최고경영자 아그리피노가 지역 기반 개방형 협동조합과 성과를 소개하고 있다(가운데에서 오른쪽.)

필요한 경우 저렴한 금리로 대출도 가능하다. 처음 사무실을 열었을 때 일부 조합원은 은행을 이용할 수 없다고 느꼈지만, 지금은 환영받는다고 느낀다. 금융서비스에 접근하기 어려운 사람들도 조합원이 될 수 있으며, 회원 자격은 특정한 사람들에 국한되지 않고, 자립하려는 의지를 가진 누구에게나 열려 있다. 이러한 점이 지역사회 중심 협동조합의 가장 큰 장점이다.

이번 인터뷰를 통해 민다나오 CDA의 역할과 마누엘 다목적협동조합의 운영 성과를 확인할 수 있었다. CDA의 체계적인 관리와 지원은 협동조합의 생태계를 활성화하고, 지역 기반 개방형 협동조합은 지역사회의 경제적 자립을 촉진하는 데 중요한 기여를 하고 있었다. 특히 마누엘 다목적협동조합의 지역기반 개방형 모델은 금융서비스에 접근하기 어려운 주민들에게 금융의 기회를 제공하며, 지역사회의 연대감을 강화하는 성과가 있었다. 인터뷰를 통해 협동조합의 법적 및 제도적 지원을 강화하고, 지역사회와의 연계를 통해 협동조합 생태계를 발전시키는 필리핀 협동조합의 힘을 확인할 수 있었다. ¶ 글 신수경

필리핀 사회적기업의 정체성과 시사점

유한나

1. 필리핀 사회적기업의 정체성

 필리핀은 강한 시민사회 전통을 가지고 있어 사회적경제가 확산하기에 유리한 환경이다.(ILO, 2021) 필리핀에서 사회적기업은 경제적 불평등, 빈곤, 환경문제 등 다양한 사회문제에 대응하기 위해 등장했다. 또한, 이러한 문제를 해결함과 동시에 지속가능한 경제적 활동을 추구하며 다양한 형태로 발전해 왔다. 본 장에서는 필리핀 사회적기업의 등장과 발전, 개념적 정의, 현황과 유형, 그리고 생태계를 구성하는 주요 주체와 지원 현황에 대해 살펴보고자 한다.

 필리핀에서 사회적기업의 개념이 처음 등장한 시기는 1990년대로 알려져 있다. 초창기 사회적기업은 농민운동과 사회운동의 성격을 띠며 시작되었다. 곧, 노동자들의 협력하여 경제적 여건을 공동으로 개선하고자 하는 노동자-소유 기업의 형태였다.(Morato, 1994) 이후 사회적기업은 다양한 실천과 접목되며 확대되었는데(Dacanay, 2019), 이는 오랫동안 경제적 불평등과 높은 빈곤율을 해결하기 위해 활동했던 비영리조직과 NGO가 직면한 '개발의 역설' 상황을 극복할 대안으로 인정받은 것이 계기가 되었다. 또한 이는 지속가능한 국제개발협력 방식으로 주목받으며, 자금 지원 이후 사업의 지속가능성을 위한 주요 실행 모델로 자리잡게 되었다. 그 결과 필리핀에서 사회적기업은 제도화되었으며, 현재는 필리핀 개발계획의 한 부분을 차지할 정도로 농업, 농촌 개발, 환경보호, 교육, 건강 등 다양한 분야에서 활발히 활동하고 있다. 농업 분야의 예를 들면, 필리핀 농업부(DA; Department of Agriculture)가 아시아 사회적기업가연구소(ISEA; Institute for Social Entrepreneurship in Asia)와 협력하여 농업훈련센터(ATI; Agricultural Training Institute)를 통해 농업 가치사슬을 개발하고 농부, 청소년 및 기타 이해관계자들 사이에서 농업 기업가정신과 사회적 기업가정신을 촉진하는 프로그램과 프로젝트를 지원하고 있다. 이처럼 현재 필리핀 사회적기업은 정부 차원에서도 그 중요성을 인정받고 있다.

필리핀 사회적기업의 정의는 연구자와 기관에 따라 다르다. 1998년에 설립된 사회적기업 연합인 필리핀 사회적기업 네트워크(PhilSEN)는 사회적기업을 "제품이나 서비스를 통해 부를 창출하고, 이를 공평하게 분배하여 가난하고 소외된 사람들이 주요 경제주체로 자리잡아 더 나은 삶을 영위할 수 있도록 하는 사회적 사명 중심의 조직"으로 정의한다. 한편, 중소기업연구개발재단(SERDEF)은 사회적기업을 "인간과 환경의 복지 향상을 극대화하기 위해 상업적 전략을 적용하는 조직"으로 정의한다.(유엔 아시아 태평양 경제사회위원회 ESCAP, 2017) 하지만 이러한 정의들은 전 세계 사회적기업의 보편적 정의에 가까우며, 필리핀 사회적기업의 특수성을 충분히 반영하지 못한다.

2. 빈곤층을 주요 이해관계자로 하는 사회적기업(SEPPS)

2002년, 필리핀을 포함한 아시아의 학자들과 실무자들 간의 협력을 통해 필리핀 사회적기업만의 고유한 특성을 정의하기 위한 액션 리서치가 진행되었다. 그 결과 "빈곤층을 주요 이해관계자로 하는 사회적기업(social enterprises with the poor as primary stakeholders, 이하 SEPPS)"이라는 정의가 도출되었다.(Dacanay, 2019) 이는 필리핀의 사회적기업이 단지 사회적 사명이나 복지 향상이라는 광범위하고 보편적인 사회적 가치를 실현하는 것을 목표로 하지 않음을 보여준다. 오히려 아시아 개발도상국의 특수성을 반영하여 빈곤, 불평등, 그리고 빈곤층의 욕구 충족 실패에 대한 대응을 핵심 목표로 삼는다. 이러한 점은 유럽 등 선진국 사회적기업이 주로 환경문제와 노동시장 통합에 초점을 맞추는 것과 차별화되는 특징이다.

SEPPS의 정의에 따르면, 개발도상국의 사회적기업은 세 가지 유형으로 구분할 수 있다.(Dacanay, 2012; 2019; ISEA, 2015) 첫째, 사회적 사명을 갖는 조직(social mission-driven organizations)이

다. 명시적으로 빈곤 감소 및 완화를 목표로 하거나 특정 빈곤층의 삶의 질 개선을 주요 목표로 삼는 조직이다. 둘째, 부를 창출하는 조직(wealth-creating organizations)이다. 단순히 보조금이나 공적 지원금에 의존하거나 외부에서 창출된 부의 혜택을 받는 데 그치지 않고, 상품을 생산하고 서비스를 제공하며 판매를 통해 수익을 창출하는 조직이다. 셋째, 분배적 기업 철학(distributive enterprise philosophy)을 갖는 조직이다. 이익이나 수익을 빈곤층에게 배당하며, 사회적 미션을 수행하고 빈곤 극복 및 삶의 질 향상을 위한 활동에 이익을 재투자한다. 이러한 세 요소를 모두 갖춘 기업을 SEPPS로 규정할 수 있다.

SEPPS는 빈곤층 중에서도 가장 가난한 그룹을 세 가지 유형(공급자, 근로자, 고객)으로 구분하여 이들을 사회적기업에 참여시킨다. 여기에는 기업가정신을 가진 빈곤층, 농부, 농업 노동자, 원주민, 도시 지역의 빈곤층, 실직자, 고용된 인력 등이 포함된다. ISEA는 2015년 필리핀 내 32개 SEPPS를 대상으로 조사를 실시한 결과, 사회적기업이 빈곤 감소와 여성 리더십 촉진에서 주요 역할을 하는 잠재력을 가지고 있다고 발표했다.(ISFA, 2015b)

결론적으로, 필리핀 사회적기업은 경제적 불평등과 빈곤 문제를 해결하기 위한 효과적인 접근방식을 제시하고 있으며, 빈곤층의 참여를 통해 실질적인 사회적 가치를 창출하고 있다. 이러한 차별성을 가진 필리핀의 사회적기업이 앞으로 빈곤 문제 해결에

사회적 사명을 갖는 조직

. 빈곤 감소(완화)를 주요 목표로 하는 것을 명시적으로 추구
. 빈곤층 참여
  - 노동자, 공급자, 고객, 소유자로 참여
  - 사회적기업/가치 사슬 관리, 거버넌스(governance)[1] 및 사회적 변화 추구의 파트너로 참여

부를 창출하는 조직

재화 및 서비스 제공에 종사
  - 이중 바텀 라인(bottom line)[2] 또는 삼중 바텀 라인 (사회·환경·재무)을 가짐
  - 사회적 목표를 지원하는 재정적 지속가능성

분배적 기업 철학을 갖는 조직

빈곤층을 주요 이해관계자로 하여 긍정적인 경제적·사회적 가치를 창출하고 배분

잉여/이익 : 배당금이 빈곤층에게 돌아감

빈곤층이 빈곤을 극복할 수 있도록 활동/서비스를 지원하는데 사용
사회적 사명을 달성하기 위해 투자/재투자됨

빈곤층을 주요 이해관계자로 하는 사회적기업(SEPPS)
(Dacanay, 2012; 2019; ISEA, 2015)

---

1 과거의 일방적인 정부 주도적 경향에서 벗어나 정부, 기업, 비정부기구 등 다양한 행위자가 공동의 관심사에 대한 네트워크를 구축하여 문제를 해결하는 새로운 국정운영의 방식
2 재무제표에서 순손익을 기재하는 맨 마지막 줄

초점을 맞춰 독창적이고 혁신적인 방안을 지속적으로 제시하는 모습을 지켜보는 것은 큰 의미가 있을 것이다.

3. 필리핀 사회적기업 생태계 현황

필리핀에서는 사회적기업에 대한 공식 통계는 없지만, ESCAP(2017)와 ISEA의 연구를 통해 그 현황을 추정할 수 있다. ESCAP(2017)에 따르면, 2006년부터 2017년 사이 사회적기업의 수는 세 배 이상 증가했으며, 2017년 기준으로 운영 중인 사회적기업은 최대 164,473개로 추정된다. 이 수치는 NGO(38,482개), 소상공인 및 중소기업(MSME; micro, small and medium enterprises, 115,856개), 협동조합(9,929개), 기타(206개)로 구성된다. 주요 활동 분야는 농업(19%), 교육(9%), 비즈니스 개발(9%), 금융 서비스(8%), 고용 창출(8%) 등이다.

ISEA & Oxfam[1](2015)의 연구에 따르면, 필리핀의 사회적기업은 다섯 가지 주요 형태로 구분된다.(Ballesteros & Llanto, 2017)

① 사회적 협동조합(Social cooperatives) : 가난한 사람이나 편견을 받는 계층이 회원 및 주요 소유주로 참여하는 협동조합이다. 필리핀에는 23,672개의 등록된 협동조합이 있으며, 이 중 약 11,000개 또는 50%가 사회적 협동조합으로 분류된다. 이러한 협동조합은 가난한 사람들로 구성되거나 그들에게 서비스를 제공

---

1 전 세계적인 빈민 구호 단체. 1942년에 영국 옥스퍼드의 주민들이 나치스 치하의 그리스인을 구호하기 위하여 결성하였다.

그림 1. 필리핀 사회적기업 수와 주요 분야(ESCAP, 2017)

하며, 회원 수는 약 456만 명이다.(ISEA and Oxfam, 2015)

② 사회적 목적 기반 마이크로파이낸스 기관(SMD-MFIs; Social-mission-driven microfinance institutions) : 마이크로파이낸스 기관은 저소득 계층에 금융서비스를 제공하는 단체다. 아시아개발은행(ADB)에 따르면, NGO 마이크로파이낸스 기관(지점 포함) 약 2,000개와 마이크로파이낸스 사업을 운영하는 은행 200개가 있으며, 250만 명의 빈곤층에게 금융 서비스가 제공되고 있다. 마이크로파이낸스 기관 중 사회적기업으로 간주되는 기관들은 대부분 빈곤층을 주요 고객으로 삼으며, 고객들에게 조직의 회원 자격, 다양한 형태의 사회보장, 교육 및 훈련, 사업 발전 및 가치사슬 개발 등을 제공한다.(ISEA and Oxfam, 2015)

③ 공정무역 조직(FTOs; Fair Trade Organisations) : 공정무역 조

직은 가난한 생산자나 소규모 생산자를 지원하기 위해 전략적 파트너십을 맺는 공급업체 커뮤니티다. 필리핀에서는 비교적 늦은 시기인 1990년 중반부터 FTO 원칙이 선언되고 적용되기 시작했다. 필리핀 공정무역 포럼(PFTF; Philippine Fair Trade Forum)에 따르면, 2012년 기준 32개의 FTO가 활동하고 있다.

④ 무역 개발 조직(TRADOs, TRAding Development Organisations) : 무역개발조직은 특정 지역 또는 부문 기반의 빈공층을 지원하는 상업적 또는 무역 부문으로 비정부 개발 기구(NGDOs; Non-Governmental Development Organisations)에 의해 설립된 기업이다. 이들은 모 기관인 NGDOs의 수익 창출 기관이라 할 수 있으며, 생산, 상품 거래, 마케팅, 그리고 경제 서비스(예: 금융 서비스, 기업 개발 서비스)를 제공한다. 이러한 기업은 일반적으로 이윤 창출을 위한 주식회사 형태로 설립된다. 시민사회 단체는 2007년 기준 약 3,000-5,000개의 NGDO가 있다고 추정했다.(I-SEA and Oxfam, 2015)

⑤ 신 사회적기업(New-Gen SEs) : 젊은 기업가들이 주도하는 사회적기업으로, 전통적인 NGO 주도 기업과의 차별성을 강조한다. 이들은 빈곤층을 돕기 위한 사회적 미션을 가진 젊은 전문가나 기업가들로서, 자신들을 이 부류로 정의하는 기업가들은 ChooseSocial.PH라는 크라우드소싱(crowdsourcing)[2] 소셜 디

---

2 생산과 서비스 과정에 소비자나 일반 대중을 참여하게 하여 아이디어를 얻고, 이를 기업 활동에 활용하는 방식.

렉터리를 만들었다. 크라우드소싱 목록에 따르면, 신 사회적기업들은 주로 소매 및 상거래를 제공하고, 식음료 서비스와 관광 및 호스피탈리티(hospitality)[3] 서비스를 제공한다. 이러한 조직들은 빈곤 감소 또는 제거, 고용 창출, 문화 보존, 환경 보호 등 명확한 사회적 목표를 가지고 운영된다.

사회적기업을 둘러싼 생태계의 주요 주체는 정부, 국제 기구 및 NGO, 영리기업, 지원기관 등으로 구분할 수 있다. 정부는 사회적기업을 국가 개발계획의 일부로 포함하고 있으나, 이를 위한 직접적인 법 제도는 미비한 상태다. 이에 따라 사회적기업에 대한 정부 지원과 법안 마련을 촉구하는 로비 활동이 필요하다. 따라서 사회적기업가 협의체인 PRESENT 연합에서는 정부의 적극적인 지원을 요구하며 포용적 성장전략의 일환으로 사회적기업을 위한 법안 제정을 목표로 로비 활동을 수행하고 있다. 비록 사회적기업에 대한 법률과 별도의 정부 부서는 없으나, 사회적기업을 촉진하기 위한 다양한 정책이 존재한다.(ILO, 2021)

국제기구와 NGO는 필리핀에서 지속가능한 국제개발협력을 위해 사회적기업과의 연계 전략을 펼치고 있다. 필리핀은 다수의 NGO가 사회적기업 방식을 활용한 국제개발협력을 시도하는 테스트베드 역할을 하고 있다. 영리기업은 윤리적 소비시장을 확산하려는 사회적기업의 노력과 연계되어 있으며, 사회적기업들과

---

[3] '접대' 또는 '환대'라는 뜻으로, 고객의 욕구와 기대를 충족시키기 위하여 다양한 서비스를 제공하는 일.

Corporation Code of the Philippines(B.P. 68)
영리 또는 비영리 법인으로 등록된 모든 조직의 구조, 원칙 및 법적 의무를 정의.

Philippine Cooperative Code of 2008 (R.A. 9520)
경제발전과 사회정의의 매개체로서의 잠재력을 인정받은 협동조합과 관련, 해당 지원체계의 효과적인 기반을 마련함에 목적이 있음.

Youth Entrepreneurship Act (R.A. 10679)
재정 및 기업가정신에 관한 표준화된 학술 프로그램의 개발, 전문화된 훈련 및 멘토링 프로그램 제공, 인큐베이팅 랩 및 창작공간 설치, 보조금 및 기타 지원 서비스의 확충 등을 통하여 필리핀 청년의 기업가 정신을 촉진

Go Negosyo Act (R.A. 10644)
기업센터를 유치하고, 창업 기금을 조성하며, 기술지원을 하고 기업을 위한 커리큘럼이나 교육 프로그램을 개발하여 특히 중소기업을 대상으로 국내에서의 사업 편의를 도모하는 것을 목적으로 함.

Microfinance Non-Government Organizations Act(R.A. 10693)
합리적인 신용, 사업 개발의 기회, 인적 개발 서비스, 재무 및 기타 프로그램에 대한 직접적 접근성을 제공하는 소액 금융 NGO의 개발을 촉진.

Comprehensive Agrarian Reform Law of 1998 (R.A. 6657)
농업 노동자들에게 공평한 토지 소유 권한을 부여한다는 비전으로, 공공 및 민간 농지를 토지가 없는 농부들에게 재분배하고 해당 수혜자들에게 기술적, 재정적 지원을 제공.

Corporation Code of the Philippines(B.P. 68)
영리 또는 비영리 법인으로 등록된 모든 조직의 구조, 원칙 및 법적 의무를 정의.

Philippine Cooperative Code of 2008 (R.A. 9520)
경제발전과 사회정의의 매개체로서의 잠재력을 인정받은 협동조합과 관련, 해당 지원체계의 효과적인 기반을 마련함에 목적이 있음.

Youth Entrepreneurship Act (R.A. 10679)
재정 및 기업가정신에 관한 표준화된 학술 프로그램의 개발, 전문화된 훈련 및 멘토링 프로그램 제공, 인큐베이팅 랩 및 창작 공간 설치, 보조금 및 기타 지원 서비스의 확충 등을 통하여 필리핀 청년의 기업가 정신을 촉진.

Go Negosyo Act (R.A. 10644)
기업센터를 유치하고, 창업 기금을 조성하며, 기술지원을 하고 기업을 위한 커리큘럼이나 교육 프로그램을 개발하여 특히 중소기업을 대상으로 국내에서의 사업 편의를 도모하는 것을 목적으로 함.

Microfinance Non-Government Organizations Act(R.A. 10693)
합리적인 신용, 사업 개발의 기회, 인적 개발 서비스, 재무 및 기타 프로그램에 대한 직접적 접근성을 제공하는 소액 금융 NGO의 개발을 촉진.

CSR 차원에서 협업하며 경제적 양극화를 초래하는 기존 경제 원리를 윤리적 소비시장으로 전환하는 데 기여하고 있다. 그밖에 지원기관으로는 인큐베이터와 액셀러레이터, 임팩트 투자사, 교육 및 연구기관, 포럼 및 네트워크 등이 있다.

결론적으로, 필리핀의 사회적기업은 빈곤과 경제적 불평등 문제를 해결하고, 지역사회에 실질적인 사회적 가치를 창출하는 중요한 역할을 하고 있다. 다양한 형태와 영역에서 활발히 운영되고 있는 필리핀 사회적기업들은, 정부의 제도적 지원 부족에도 불구하고 국제기구, NGO, 그리고 영리기업과의 협력을 통해 그 영향력을 확대해 나가고 있다. 향후 필리핀 사회적기업의 발전은 더욱 명확한 정책적 지원과 법적 제도 강화를 필요로 하며, 이들의 성과와 도전을 지속적인 연구와 모니터링을 통해 파악하는 것이 중요하다. 필리핀 사회적기업이 지역사회와 경제에 미치는 긍정적인 영향을 극대화하기 위해, 정책 입안자와 이해관계자들이 협력하여 포용적이고 지속가능한 발전을 위한 기반을 마련해야 할 시점이다.

4. 필리핀 사회적기업의 실천 전략

(1) 사회적 결핍과 핵심 이해관계자 관점의 개념화

필리핀의 사회적기업은 주로 사회적 결핍을 해결하기 위해 설립되었다. 이들은 가난, 교육 부족, 환경문제 등 필리핀 사회의 다

인큐베이터 및 액셀러레이터	사회적 금융 및 임팩트 투자	고등교육기관 및 연구기관	포럼 및 네트워크
GK Farm, KICKSTART, ideaspace, IMPACT HUB, villgro	asia IIX, NeoFin, OIKO CREDIT, FSSI, Peace & Equity Foundation	SEN, CODE, Association of Foundations, APPEND, Inafi, World Fair Trade Organization Asia, SIM-CARRD Inc.	SEN, CODE, Association of Foundations, APPEND, Inafi, World Fair Trade Organization Asia, SIM-CARRD Inc.

표 3. 필리핀의 다양한 사회적기업 지원기관(ESCAP, 2017)

양한 문제를 해결하고자 하며, 빈곤층이라는 주요 이해관계자의 관점을 반영해 사회적 결핍을 효과적으로 해결하는 전략을 마련하고 있다.

필리핀 사회적기업은 빈곤층의 역할을 거래적 역할(Transactional roles)과 변혁적 역할(Transformational roles)로 구분하며, 이들의 실제 역할과 변화를 추적하고 분석해 왔다. SEPPS에 참여하는 다양한 빈곤층의 역할 변화를 최소 15년에서 최대 38년 동안 추적하고 분석한 결과에 따르면, 이들의 역할은 통제(control), 협력(collaboration), 권한 부여(empowerment)로 구분된다.
① 통제: 비즈니스 중심의 경영진이 장애인을 수동적 수혜자로 고용하여 그들에게 일자리를 제공하는 역할
② 협력: 일반적으로 저소득자로 간주되던 일부 장애인 직원들을 감독자 및 관리자로 역량을 향상시키는 역할
③ 권한 부여: 가난한 이들을 소득과 능력의 박탈에서 벗어나게 하는 데 가장 큰 질적 영향을 미치는 역할

(2) 연구자들과 실천가들의 연대를 통한 주류화

필리핀에서는 사회적기업의 주류화를 위해 연구자와 실천가들이 적극적으로 협력하고 있다. 아시아 사회적기업 연구소(Institute for Social Entrepreneurship in Asia, ISEA)는 필리핀의 사회적기업 연구와 실천을 이끌며, 사회적기업 생태계 구축에 중요한 역할을 하고 있다. ISEA는 교육 프로그램, 연구보고서, 세미

나 등을 통해 사회적기업의 중요성을 알리고, 사회적 기업가들에게 지식과 기술을 제공한다. 또한 ISEA는 필리핀 내외의 다양한 사회적기업 및 관련 단체와 연대하여 네트워크를 구축하고, 공동 프로젝트를 수행하여 사회적기업의 영향력을 확대한다. 이러한 연대 활동은 사회적기업의 주류화에 크게 기여하고 있다.

특히 2012년 2월에 설립된 PRESENT 연합(The Poverty Reduction Through Social Entrepreneurship, 사회적기업을 통한 빈곤 감소 연합)은 빈곤퇴치와 경제 개발을 위한 접근 방식으로서 사회적 기업가정신을 발전시키고자 다양한 사회적기업 실무자, 옹호자, NGO, 학계 구성원이 함께 모인 연합체다. 이 연합은 필리핀의 특성에 맞춰 이해관계자를 명확히 하고, 다양한 단체들과의 연대를 통해 정책 로비 활동, 옹호 활동을 펼치는 한편, 태풍이나 코로나로 피해를 입은 사회적 기업가들을 실질적으로 지원하는 역할을 해왔다. 특히, 2013년 필리핀을 강타한 강력한 태풍 하이엔(Haiyan)에 대응하여, PRESENT 연합의 구성원 및 사회적기업 부문의 이해관계자들이 협력해 2014년 3월 사회적기업을 통한 재건 이니셔티브(Reconstruction Initiative through Social Enterprise, RISE)라는 플랫폼을 설립해 재건 활동을 수행한 점은 매우 인상적이다.

특별히 PRESENT 연합은 PRESENT 법안(Poverty Reduction through Social Entrepreneurship Act: 사회적 기업가정신을 통한

[그림 6] PRESENT Coalition Members

빈곤퇴치법)의 제정과 시행을 촉구하는 데 앞장섰다. 이 법안은 사회적기업을 정부의 빈곤 감소 파트너로 인식하고 사회적기업을 통한 빈곤 감소 프로그램의 제도화를 목표로 한다. 이러한 노력의 결과, 국가경제발전기획위원회(NEDA)는 필리핀 개발계획 2017-2022에 PRESENT 법안을 우선적인 입법 조치로 포함했고, 2023년 12월 하원위원회에서 이 법안이 승인되었다.[4]

(3) 사회적 기업가 정신을 통한 윤리적 시장 확대 추구필리핀의 사회적기업은 사회적 기업가정신을 발휘하여 윤리적 시장을 확대하고, 지속가능한 경제 활동을 이루고자 노력하고 있다. 이들의 궁극적인 목표는 기업 활동이 사회적 가치와 결합해야 한다

---

4 https://www.bworldonline.com/economy/2023/12/13/563465/social-enterprise-measure-hurdles-house-committee/

참고 PRESENT 법안

사회적기업(Social Enterprises, SEs)을 통해 빈곤을 줄이기 위한 법적 프레임워크를 구축하는 것을 목표로 한다. 이 법안의 주요 내용은 다음과 같다:

① PRESENT 프로그램 설립

Poverty Reduction through Social Entrepreneurship(PRESENT) 프로그램은 사회적기업을 지원하고 육성하여 빈곤 감소에 기여하는 것을 핵심 목표로 한다. 이 법안은 국가 차원에서 빈곤 감소 프로그램을 추진함으로써, 빈곤 감소와 경제 및 사회 발전에 기여하는 활기차고 지속가능한 사회적기업 생태계를 조성하는 것을 목표로 한다. 특히 사회적기업의 주요 이해관계자인 소외된 계층을 지원하여 그들의 잠재력을 실현하고 성장할 수 있도록 필요한 자원을 제공한다. 이를 위해 국가는 기술적·재정적 지원, 인센티브 및 기타 서비스를 제공하되, 사회적기업의 자율성이나 조직적 완전성을 침해하지 않도록 보장하여야 한다. PRESENT 프로그램은 사회적기업이 실질적이고 중요한 빈곤 감소 주체로 자리잡도록 돕고, 강력한 사회적기업 운동을 통해 빈곤 문제 해결에 기여하는 기반을 마련하고자 한다.

② 사회적기업의 정의 및 역할

이 법안은 사회적기업을 "사회적 목적을 달성하기 위해 이윤을 창출하고, 그 이윤을 다시 사회적 목적을 위해 재투자하는 기업"으로 정의한다. 이러한 기업은 빈곤층을 주요 이해관계자로 삼아 그들에게 사회적·경제적 가치를 제공하는 것을 목표로 한다.

사회적기업은 사회적 사명을 수행하기 위해 다양한 개발 전략을 활용한다. 주요 전략으로는 권한 강화 전략, 사회 통합 전략, 중개 전략, 자원 동원 전략이다.

주식회사, 파트너십, 또는 개인사업체로 조직된 사회적기업은 사회적 사명의 지속적 이행과 소외된 계층의 복지를 위한 변화를 위해 순수익의 최소 60%를 재투자해야 한다. 다만, 이러한 사회적기업은 사기업의 지점, 자회사 또는 부서로 운영될 수 없으며, 사기업의 정책에 의해 운영 방향이 결정되어서는 안 된다. 그러나 이는 사회적기업이 대규모 사기업이나 회사로부터 하도급을 받거나, 다른 사회적기업이나 재단과 협력 또는 공동사업에 참여하는 것을 제한하지 않는다.

③ 지원 및 혜택

사회적기업에는 다양한 형태의 지원과 혜택이 제공된다. 여기에는 재정적 지원, 기술 지원, 교육 및 훈련 프로그램 등이 포함된다. 또한 지속가능한 금융 전략을 제시할 경우 추가적인 인센티브와 혜택을 받을 수 있다. 예를 들어, 자격을 갖춘 사회적기업은 조달 과정 및 계약 체결에서 우선권을 부여받으며, 정부, 공공 부서 및 산하기관에 공급되는 물품 및 서비스의 총 조달 물량 중 최소 20%를 배정받을 권리를 가진다. 또한 정부는 사회적기업을 지원하는 사회적 투자자 및 자원 기관의 네트워크를 형성하고 강화하기 위한 프로그램을 개발한다.

④ 사회적기업 보증기금

법안은 정부 소유 및 관리 회사들이 법안 제정 후 5년 이내에 예산 잉여금의 5%를 출연하는 "사회적기업 보증기금(Social Enterprise Guarantee Fund Pool)"을 신설하도록 명시하고 있다.

⑤ MSME 발전위원회 확장:

무역부 산하 중소기업 발전위원회(Micro Small Medium Enterprise Development Council)를 확장하여 중소기업 뿐 아니라 사회적기업을 포괄하도록 하고, 이를 "국가기업 발전위원회(National Enterprise Development Council)"로 개명할 것을 제안하고 있다.

추가 제안:

이 법안은 사회적 기업가들에게 대학원 장학금을 제공하고, 그들이 시장조사, 제품 경쟁력 강화, 비즈니스 매칭 활동 및 무역 박람회 참여를 위한 지원을 받을 수 있도록 규정한다. 이러한 조치는 사회적 기업이 빈곤 감소에 중요한 역할을 할 수 있도록 지원하고, 이들의 성장을 촉진하기 위한 포괄적인 정책적 지원을 제공하려는 데 목적이 있다.

는 철학을 바탕으로 한다. 대표적인 사례로 "Rags2Riches"가 있는데, 이 사회적기업은 재활용 재료를 사용하여 패션 아이템을 제작하며, 저소득층 여성들을 고용하여 경제적 자립을 지원한다. 이 기업은 윤리적 패션 시장을 확대함과 동시에 환경 보호와 빈곤 문제 해결이라는 사회적 가치를 추구한다.

5. 필리핀 사회적기업의 성과와 시사점

1) 필리핀 사회적기업의 성과와 사회적 영향

필리핀 사회적기업의 성과와 사회적 영향은 크게 세 가지로 설명된다. 첫째, 빈곤 완화와 경제적 자립이다. ESCAP(2017)에 따르면, 2016년 기준 필리핀 사회적기업은 17,000개의 일자리와 약 2,100만 달러의 경제적 가치를 창출했다. 또한 필리핀 전체 일자리 증가율의 34% 가운데 약 5%가 사회적기업에서 창출된 것으로 추산될 정도로, 일자리 창출과 경제 발전에 기여한 것으로 평가된다. 둘째, 환경 보호와 지속가능성이다. 재활용을 기반으로 하는 기업이나 친환경 제품을 판매하는 기업의 경우 환경 보호에 기여하는 동시에, 자원 재활용의 중요성을 알리고, 윤리적 소비문화를 확산시키고 있다. 셋째, 사회적 인식 변화다. 필리핀 사회적기업은 주로 35-44세의 젊은 리더들이 이끌고 있고, 신규 진입 기업 대부분이 청년 리더십에 의해 주도되고 있다. 또한, 새롭게 창출된 일자리 중 약 56%가 여성에게 제공되었으며, 앞으로도 여성 중심의 사회적기업이 증가할 것으로 전망된다.(ESCAP, 2017) 이는 장기적으로 필리핀 사회의 가치관 변화와 지속가능한 발전에 중요한 역할을 할 것으로 기대된다.

필리핀 사회적기업의 사회적 영향은 수치로 확인하기 어렵지만, 보다 폭넓은 차원에서 논의할 수 있다. 빈곤층의 소득 증가, 기본 생활 필요 충족, 사회 및 지역 서비스 접근성 향상, 여성의 지위 향상 등 여러 긍정적 영향을 미치고 있다. 필리핀 SEPPS가 빈곤층에게 미친 주요 영향은 다음과 같다.

. 소득의 증가, 다양화 및 지속가능성 확보
. 기본 가계 생활 필수품 충족 능력 증대 및 삶의 질 향상
. 사회 및 지역 서비스 이용 개선
. 빈곤 탈출 가능성 증대
. 빈곤층의 사회적 참여, 위치 및 권한 강화
. 지역사회 내 여성의 지위 및 권한 향상
. 자가 통치 능력 증대 및 지역사회 발전에 기여하는 역량 강화
. 지역사회 발전 및 번영 수준 증대

필리핀 사회적기업은 사회적 결핍을 해결하고 경제적 자립을 촉진하며, 환경 보호와 윤리적 소비문화를 확산하는 데 중요한 역할을 하고 있다. 이들은 빈곤층의 삶의 질을 향상시키고, 지속가능한 발전을 위한 실질적인 기여를 하고 있으며, 앞으로도 사

회적 기업가정신을 바탕으로 필리핀 사회에 긍정적인 변화를 이끌어갈 것이다. 따라서 이러한 사회적기업에 대한 지속적인 지원과 연구는 필리핀의 전반적인 사회적·경제적 발전에 핵심적 요소로 작용할 것이다.

2) 필리핀 사회적기업의 당면 과제와 한국에의 시사점

이러한 발전과 사회적 영향에도 불구하고, 현재 필리핀 사회적기업은 재정적 지속가능성, 국가 및 시장 기관과의 협력 등 여러 도전에 직면해 있다. 문헌에 따르면, 창업 초기 단계의 사회적기업들은 자본 부족과 재정적 어려움을 겪고 있으며, 성숙 단계의 기업들은 사업을 고도화할 기술적 역량 부족이라는 문제를 안고 있다.(ESCAP, 2017) 따라서 생애주기별 성장의 장애 요인을 극복할 수 있도록 적절한 생태계 조성과 함께, 국가 기관과 시장 기업의 변혁 과정 참여와 제도적 혁신이 필요하다.(Dacanay, 2019)

필리핀과 한국의 사회적기업은 각기 다른 역사적·경제적 배경 속에서 성장해 왔다. 필리핀에서는 NGO와 국제기구의 역할이 사회적기업 발전에서 중요한 반면, 한국은 정부 주도로 법제화가 이루어지고, 다양한 지원 프로그램과 제도적 지원이 전개되는 가운데 성장해 왔다. 필리핀의 사회적기업은 주로 농업, 환경, 교육 등 특정 분야에 집중된 반면, 한국은 서비스업, 제조업, 기술 기반 기업 등 다양한 분야에서 활동하며 일부는 대규모로 성장하고 있다. 또한, 필리핀은 국제기구 및 외국 NGO와의 글로벌 연계가 활발한 반면, 한국은 해외 진출 및 글로벌 네트워크 형성이 아직 초기 단계에 머물러 있다.

필리핀 사회적기업은 한국과 달리 NGO와 비영리단체 중심으로 발전해 왔으며, 빈곤 감소라는 명확한 사회적 목적과 대상 집단에 대한 초점을 강조하며 시장 확대를 추구하는 특징을 갖는다. 이러한 점은 제도적 인정과 정부의 적극적 지원 속에서 성장한 한국 사회적기업과 다소 다른 양상을 나타낸다. 그러나 이러한 차이는 제도적 변화와 사회적기업의 자생적 발전을 모색하는 한국에 중요한 시사점을 제공한다.

먼저, 이해관계자 관점에서 사회적기업을 개념화하고 빈곤 해소라는 공동의 사회적 결핍 충족에 초점을 맞추었다는 점에 주목할 필요가 있다. 필리핀 사회적기업은 주로 빈곤 문제를 해결하기 위해 설립되었으며, 빈곤층을 주요 이해관계자로 보고 그들의 역할을 강조한다. 한국 사회적기업은 이해관계자 중심의 접근방식을 더욱 강화할 필요가 있다. 이를 위해 취약계층을 단순한 수혜자가 아닌 적극적 참여자로 인정하고, 그들의 목소리를 반영하는 경영전략을 수립해야 한다. 이해관계자와의 지속적인 소통을 통해 그들의 실제 필요와 요구를 반영하는 것이 중요하다.

또한, 필리핀 사회적기업은 빈곤층의 역할을 통제, 협력, 권한부여로 구분하고, 이들의 변화를 추적하여 분석할 뿐 아니라 변혁적 역할로의 역량 강화를 지향한다. 한국 사회적기업도 취약계층의 역할을 단계적으로 구분하고 그들의 변화 과정을 장기적으로 추적할 필요가 있다. 예를 들어, 초기에는 단순 일자리 제공하는 통제 단계에서 시작하여, 점차 협력과 권한 부여 단계로 발전시킬 수 있을 것이다. 사회적기업을 통한 취약계층의 자립과 성장이라는 사회적 영향력을 더욱 고민해야 한다.

다음으로 연구자들과 실천가들의 연대를 통한 주류화 전략은 학계의 적극적 역할을 요구한다. 필리핀에서는 사회적기업의 주류화를 위해 연구자와 실천가들이 협력하여 교육 프로그램, 연구 보고서, 세미나 등을 통해 사회적기업의 중요성을 알리고 있다. 한국에서도 이러한 협력을 통해 연구자와 실천가들이 협력하여 사회적기업의 발전을 도모할 필요가 있다. 이를 위해 사회적기업 관련 학회, 연구소, 대학, 민간단체 등과 협력하여 공동연구 프로젝트를 수행하고, 그 결과를 바탕으로 실무에 적용할 수 있는 지침을 마련해야 한다. 또한 연구자들은 최신 연구 결과와 이론을 실천가들에게 제공하여, 이들이 이를 활용해 효과적인 활동을 전개할 수 있도록 지원해야 한다. 한편, ISEA는 필리핀 내외의 다양한 사회적기업 및 관련 단체와 연대하여 네트워크를 구축하고, 공동 프로젝트를 수행하고 있다. 한국 대학도 연구 기능을 강화하여 국내외의 다양한 사회직기업 및 관련 단체와 연대하여 네트워크를 구축할 필요가 있다. 이를 통해 자원과 정보를 공유하고, 공동 프로젝트를 수행하여 사회적기업의 영향력을 확대할 수 있을 것이다. 국내에서는 정부, 민간기업, 비영리단체와의 협력을 강화하고, 국제적으로는 아시아 및 다른 지역의 사회적기업과의 협력관계를 구축하여 국제적 논의에 동참해야 한다.

　마지막으로, 필리핀 사회적기업의 윤리적 시장 확대와 사회적 기업가정신을 통한 지속가능한 경제활동 추구 방식은 한국 사회적기업이 나아갈 길을 보여준다. 필리핀 사회적기업은 윤리적 소비시장을 적극적으로 확대하며, 환경보호와 빈곤 문제 해결을 동시에 추구한다. 한국의 사회적기업은 경제 주체로서 윤리적 소비시장을 확대하려는 적극적인 노력이 부족하지 않았는지 돌아볼 필요가 있다. 윤리적 소비자들을 대상으로 한 마케팅 전략을 개발하고, 제품의 윤리적 가치를 강조하여 소비자들의 관심을 끌어야 한다. 또한, 윤리적 소비자들이 제품을 선택할 수 있도록 투명한 정보 제공과 인증 제도를 활용할 수 있다. 이와 더불어, 사회적 기업가정신 함양이 필수적이다. 필리핀의 사회적기업은 강한 사회적 기업가정신을 바탕으로 윤리적 시장을 확대하고 있다. 한국에서도 정규 및 비정규 교육과정을 강화하고, 멘토링 프로그램을 활성화하여 사회적 기업가정신을 키우고 시도할 수 있는 환경을 조성해야 한다.

　결국, 필리핀 사회적기업의 경험은 한국 사회적기업이 직면한 도전과 기회를 이해하고, 자생적 발전을 이루기 위한 전략을 모색하는 데 귀중한 교훈이 될 것이다. 이를 통해 한국 사회적기업이 더욱 효과적으로 사회적 가치를 창출하고, 글로벌 사회적기업 생태계에서 중요한 역할을 수행하며 지속가능한 발전을 이루기를 기대한다. ¶글 유한나

위_ISEA Dacanay 교수의 강의
아래_ISEA 방문 단체사진

루츠 콜렉티브 매장 전경

루츠 콜렉티브(Roots Collective):
매력적인 뉴젠(New-Gen) 사회적기업 편집숍 방문 리포트[1]

　마카티는 필리핀 마닐라에서도 주요 비즈니스 및 금융의 중심지고 다국적기업들의 지역 본부가 밀집해 있는 필리핀에서 열여섯 번째로 큰 도시이다. 또한, 고급 주거지와 쇼핑몰, 레스토랑 등이 모여있는 가장 부유한 도시 중 하나다. 그래서인지 다른 도시들과 확연하게 다른 분위기로 외국인도 많이 보이고 활기차고 세련되었다. 그곳의 고급 쇼핑몰 3층에 사회적기업 전문 매장인 루츠 콜렉티브(Roots Collective)가 있다.

　루츠 콜렉티브(Roots Collective)는 필리핀 각 지역의 소수민족이나 사회적기업, 협동조합에서 만든 다양한 물품을 전시, 판매하는 필리핀의 대표적 사회적기업 매장으로 2015년 설립되었다.

---

[1] 주소 : 3rd floor, 36th St, Taguig, Metro Manila, 필리핀 (Uptown Place Tower 3)
홈페이지 : https://rootscollective.ph/

1. 루츠 콜렉티브 매장의 상품들

루츠 매장에 들어서니 젊은 남성 직원 몇 분이 고객을 응대하고 있었다. 내부는 매우 깔끔하고 정리 정돈이 잘 되어 있었고 한눈에 봐도 눈에 띄는 물건이 많았다. 일단 찬찬히 상품들을 살펴보니 진열된 상품 벽면에 상품에 대한 스토리텔링이 사진과 함께 소개하고 있었다.

진열된 상품은 대부분 필리핀 각지(오지로 보이는 곳이 많았다)에서 소규모 가내수공업 형식으로 만든 것이었다. 물품의 품질이나 디자인, 스토리텔링이 매우 흥미로워서 소비 욕구를 마구 충동질했다.

지금 당장 한국의 강남 코엑스에 진열해도 손색이 없을 만큼 퀄리티가 좋은 물건들이 사진 속 허름한 농가에서 가내수공업으로 만들어졌다니 놀라지 않을 수 없었다. 이런 스토리를 읽으며 물건을 만져보고 구경하는 것이 너무 재미있어서 시간가는 줄 몰랐다.

물건은 매우 다양했다. 커피, 초콜릿, 다양한 종류의 (특산품)차, 바나나껍질을 활용해 만들었다고는 믿기지 않을 만큼 화려하고 예쁜 소품, 핸드메이드 가방이나 지갑, 직접 직조한 실로 만든 의류 등 친환경적이고 문양이 독특한 의류, 반려동물 용품, 친환경세제 등. 이곳의 입점 기업은 50여 곳이 넘는다.

사회적경제에 대한 정부 지원이 이렇게 큰 것일까? 대체 이런

대단한 매장을 어떻게 운영하는지, 루츠 콜렉티브 매장 운영에 대해 궁금했으나 미리 약속되지 않은 방문이어서 짧은 질의응답을 통해 내용을 간단히 들었고 나중에 여러 경로를 통해 파악해 보니 그날 우리와 만났던 젊은 직원들은 New-Gen SEs으로 불리는 신 사회적 기업가들이었다.

필리핀에는 경제 불평등과 빈곤문제를 해결해가는 신 사회적 기업(New-Gen SEs) 그룹이 있다. New-Gen SEs은 젊은 기업가들이 주도하는 사회적기업으로, 전통적인 NGO 주도 기업과의 차이를 강조한다. 이들은 빈곤층을 돕기 위한 사회적 미션을 가진 젊은 전문가나 기업가로서, 자신들을 이 부류로 칭하는 기업가들은 Choose Social. PH라는 크라우드소싱 소셜 디렉터리를 만들었다. 크라우드소싱 목록에 따르면, 신 사회적기업의 대부분이 소매 및 상거래를 제공하고, 식품 및 음료 서비스와 관광 및 호스피탈리티 서비스를 제공하는 기업도 있다. 이러한 조직들은 가난을 줄이거나 (또는 제거), 고용, 문화 보존, 환경 등을 포함한 명확한 사회적 목표를 가진다.

우리가 방문한 루츠 콜렉티브도 바로 이런 New-Gen SEs으로 젊은 기업가 두 사람이 주도하여 만들어지고 운영되는 사회적기업이었다.

초기 단계에 벤처 캐피탈 등에서 투자 유치를 받아 운영했으며, 그 외에도 정부와 민간기관에서 다양한 지원을 통해 매장 개설과 운영에 필요한 자금을 확보할 수 있었다고 한다. 또한 루츠

알로이 추아(Aloy Chua, 사진 왼쪽), 덱스터 유(Dexter Yu, 사진 오른쪽)

콜렉티브 매장에서 발생하는 매출은 매장 운영의 주요 자금원이 되고 있고 특히 마카티 매장의 경우 높은 매출을 기록하며 안정적인 수익을 창출하고 있다고 한다.

2. 루츠 콜렉티브 매장의 사람들[2]

알로이 추아(Aliy Chua)

루츠 콜렉티브의 사업 개발 대표이사로 비즈니스 개발 CEO이자 최초의 공동 창립자다. 지구온난화와 환경에 대해서 십 대 때부터 관심이 많았다. 사회적기업가정신과 비영리활동에 참여해

---

2 출처 : 홈페이지 : https://rootscollective.ph/

왔으며, 2016년까지 루츠 콜렉티브의 첫 번째 COO(Chief Operating Officer)로 일했다. 2020년 2월 CEO가 되기 전까지 2019년 11월에 돌아와 Uptown BGC 팝업스토어를 관리했다. 필리핀 기독교 생명 공동체(CLCP)와 King Green Meadows 교구의 젊은 가톨릭 전문가(YCP) 사역의 회원이고 주택 소유자 협회 이사로도 활동하고 있다. 마닐라 아테네오대학교에서 2013년 법정관리 학사학위를 받았고 프랑스어와 중국어를 공부했다.

덱스터 유(Dexter Yu)
루츠 콜렉티브의 비즈니스 개발 담당 COO이자 두 번째 공동 설립자로 대학 시절부터 환경 옹호자였다. 그와 다른 네 명의 친구들은 비즈니스 논문을 위해 일로코스의 농부들과 협력하여 수수 곡물과 수수 제품을 생산하는 사회적기업인 홀리 그레인(Wholely Grain)을 공동 설립했으며, 당시 루츠 콜렉티브의 카티푸난 허브에서 함께 협력했고, 이후 루츠 콜렉티브 파트너로 영입되어 2020년 2월 COO로 함께하고 있다. 2014년 자비에 학교를 졸업하고 2019년 마닐라 아테네오대학교에서 통신 기술 관리 학사학위를 받고 마케팅, 금융 및 기업 개발을 부전공했다.

루츠 콜렉티브는 지역 및 사회적 기업가들의 커뮤니티이고 기업가 정신을 통해 포괄적이고 지속가능한 발전을 위해 일하고 있다. 커뮤니티, 창의성 및 지속가능성을 중요하게 여기는 기업의 기업이라고 홈페이지에 게시되어 있다. 그들은 시장 접근성(소매 측면), 역량 강화, 자금 지원 촉진(개발 측면)이라는 세 가지 축에 기반한 플랫폼을 구축했다. 단순히 지역의 장인 상점이나 스타트업 인큐베이터 그 이상으로 시작에서부터 확장 단계, 그 사이의 모든 것에 이르기까지 기업을 구축하고 성장하는 전문가 집단이다.

루츠 콜렉티브는 소상공인들의 혁신을 위한 역량 강화 및 협업 기회를 통해 지역 기업과 농촌 지역사회가 번창할 수 있는 환경을 조성하고 있다. 다른 한편으로는 창의적이고 전방위적인 마케팅과 유통, 소매 및 기업을 육성하는 데 개입하고 있다. 사회적 기업으로서 단순히 법적 및 규제적 요구사항을 따르는 것을 넘어 사회환경적 정의를 비즈니스 결정에 포함해 투명성과 정직성을 확보한다.

마케팅 및 소매업 표준과 모범 사례를 채택하여 비즈니스의 우수성을 지속적으로 향상하고, 유엔 지속가능개발 목표(SDGs), 특히 SDGs 8, 9, 12[3]를 지침으로 삼아 지속적으로 증가하는 긍정적인 사회 및 환경 영향을 목표로 한다. 단지 상품을 판매하는 매장 차원이 아닌 이들의 활동에 더 높은 가치 부여를 통해 영향력을 확장해 나가고 있음을 엿볼 수 있다.

---

3 지속가능발전목표(SDGs)에서 8, 9, 12번 목표는 다음과 같다. SDG 8: 양질의 일자리와 경제성장 (Decent Work and Economic Growth), SDG 9: 산업, 혁신, 그리고 인프라 (Industry, Innovation and Infrastructure), SDG 12: 책임 있는 소비와 생산 (Responsible Consumption and Production)

우리 일행은 화려한 문양과 섬세한 디자인에 반해서 물건을 몇 개씩 구매하려고 했다. 그런데 문제가 생겼다. 계산하는데 포스시스템(POS system)[4]이 없어서 하나하나 수기로 판매 품목을 기록하고 계산기로 더하여 물품 가격을 계산하는 것이었다.

가야 할 시간은 다 되어가는 데 길게 늘어선 줄에 더딘 계산, 이제야 '아~ 이곳이 필리핀이구나!!' 싶은 생각이 들었다. 필리핀에서도 가장 번화가인 이곳에 근사한 매장을 만들고 전국의 수십 개 섬에서 만들어진 진귀한 물품을 판매하고 있는데 계산시스템이 구축되어 있지 않다니 참으로 안타까웠다. 그래도 너무 예쁜 디자인의 차와 초콜릿, 핸드메이드 소품 등은 포기할 수 없어서 기다리는 일행의 눈총을 받으면서도 끝까지 참고 계산을 하고 물건을 가방에 넣을 때의 그 만족감이란! 그렇게 소유욕을 한껏 충족시킨 후 발길을 돌릴 수 있었다.

루츠 컬렉티브 담당자와 함께 매장을 돌면서 들었던 상품들의 풍성한 스토리가 인상 깊었고 상품을 누가 어떤 의미로 만들었는지 설명을 듣다 보니 상품의 가치가 올라가고 구매욕이 높아졌다. 접근성이 좋은 매장의 위치와 매력 있는 인테리어도 인상적이어서 필리핀 내에서 일부 지식인들이 그리는 사회적경제에 대한 전망이 매이 발전가능성이 높다는 인상을 받으며 탐방을 마쳤다. ¶ 글 양경애

---

4 판매가 이루어짐과 동시에 판매 활동을 관리하는 시스템. 매장의 금전 등록기와 본사의 컴퓨터를 연결하여, 판매 즉시 그 데이터가 입력되어 매상·재고·상품 관리를 할 수 있다.

3장

캠프 아시아(CAMP Asia):
사회적경제를 통한 국제개발협력
실천 사례

변화를 만드는 힘:
국제개발 NGO 캠프 아시아(CAMP-ASIA)

출처_ icamp.asia

필리핀은 수많은 섬으로 이루어진 아름다운 나라지만, 다양한 사회적, 경제적 도전에 직면해 있다. 필리핀 2023년 국가통계청(PSA) 자료에 따르면 연간 1인당 빈곤 기준치(PhP) 다바오 지역의 빈곤율(16.0%)은 마닐라(2.4%)의 7.2배 수준이다. 600km가 넘는 군도 국가의 지리적 특성으로 인해 교육/의료 인프라에 격차가 존재한다. 국제개발 NGO인 CAMP(Community Action for the Management of Poverty)는 이러한 구조적 문제에 맞서 현지 주민들과 협력하여 교육, 건강(보건), 농업, 에너지 등 지속 가능한 발전을 위해 활동하고 있다. 외부 지원에 의존하기보다는 지역 커뮤니티의 자립 능력을 강화하는 데 중점을 두고, 주민들의 필요를 직접 듣고 함께 해결책을 모색하는 접근 방식을 취하고 있다.

초기 CAMP는 지역의 필요에 기반해 교육과 건강 분야의 프로

익팅 작업장 벽화

그램을 강화했다. 필리핀의 많은 지역은 교육 인프라가 부족하고 교육의 질이 낮다. 이를 개선하기 위해 학교 도서관과 유치원 건축 및 운영, 교사 교육, 학습 자료 제공 등 다양한 활동을 진행하고, 직업 교육 프로그램을 통해 주민들이 필요한 기술을 습득하여 자립할 수 있는 기회를 제공했다.

건강(보건) 분야에서도 중요한 역할을 해왔다. 의료 시설이 부족한 지역에서 이동식 진료소 운영, 예방 접종 캠페인을 통한 질병 예방, 그리고 주민들의 건강 인식 제고 및 자가 관리 능력 향상을 위한 보건 교육 프로그램 등이 대표적이다. 이러한 활동은 특히 의료 인프라가 부족한 지역에서 주민들의 건강 증진에 크게 기여했다.

농업 분야에서는 현대적인 농업 기술을 도입하고 지속 가능한 방식을 교육하여 현지 농민들이 더 나은 방식으로 수확할 수 있도록 지원한다. 필리핀은 농업이 주요 산업 중 하나이지만, 기후 변화와 관습 농법으로 인한 생산성 저하로 어려움을 겪고 있다. CAMP는 이러한 문제를 해결하기 위해 지속 가능한 농법을 도입하고 농민들이 생산성을 높일 수 있도록 돕는다.

에너지 분야에서도 주목할 만한 노력을 기울이고 있다. 많은 지역에서 전력 공급이 불안정하며, 외딴 섬에서는 전기 공급이 거의 이루어지지 않는 경우가 많다. CAMP는 에너지 자립농장 설립과 에너지 효율 개선 프로젝트를 통해 주민들이 친환경 에너지를 접하고 시도하여 삶의 질을 향상시킬 수 있도록 지원한다.

필리핀에서 CAMP의 활동을 직접 경험하면서, 지역 주민들과의 신뢰를 바탕으로 긍정적인 변화를 끌어내고 있다는 것을 느꼈다. 주민들이 자발적으로 참여하고 문제를 스스로 해결하는 과정은 인상적이었고 국제개발 NGO의 역할과 중요성을 더욱 깊이 이해하게 되었다. 변화를 만들어가는 힘이 지역 사회에서 어떻게 발휘될 수 있는지를 깊이 생각하게 했다.

1. 봉제센터 익팅(Igting)과 양계장

필리핀의 봉제센터 '익팅(Igting)'과 양계장은 지역 주민, 특히 여성들에게 경제적 자립을 이루는 중요한 수단을 제공한다. 이 프로그램들은 주민들의 직업 역량을 강화하고 지역 경제를 활성

[출처] icamp.asia

화하는 데 기여하고 있다. 기술 교육 프로그램은 주로 양계장과 봉제센터 운영을 통해 이루어지며, 주민들이 필요한 기술을 배우고 생계를 마련하는 과정을 지원한다.

양계장은 필리핀 농촌 지역에서 중요한 역할을 한다. 닭을 사육해 신선한 달걀을 생산함으로써 주민들에게 지속적인 소득원을 제공한다. 이 달걀은 네이처 링크 올가(ORGA)에 납품된다. 주민들은 닭의 성장과 생산성을 높이기 위해 영양가 높은 모링가를 먹이로 활용하는 방법을 배운다. 특정 주기마다 닭을 디톡스(Detox)하여 건강을 재정비하고, 신선한 달걀을 안정적으로 생산한다. 이렇게 생산된 달걀은 지역 시장에 판매되어 주민들에게 안정적인 수입을 제공한다.

봉제센터 '익팅(Igting)'은 여성들에게 봉제 기술을 가르치는 중요한 기관이다. 다양한 프로그램을 운영해 여성들이 직업 기술을 배우고 직접 제품을 만들어 판매할 수 있는 기회를 제공한다. 협동조합 방식으로 운영되며, 여성들이 자원을 공유하고 함께 성장할 수 있는 환경을 조성한다.

봉제센터와 양계장은 경제적 수입원 이상의 의미를 지닌다. 주민들이 서로의 성공을 응원하고 지지하는 공동체를 형성하는 데 기여한다. 이러한 공동체는 주민들이 자아 실현을 이루고 생산적인 삶을 영위할 수 있게 한다. 결과적으로, 필리핀 캠프 아시아는 기술 교육과 함께 양계장 및 봉제센터 운영을 통해 주민들의 경제적 자립을 달성하고, 이를 기반으로 사회적 안정을 도모하고 있다. 이 사업 모델은 주민들에게 지속 가능한 개발을 위한 기반을 제공하며, 필리핀 사회의 다양한 도전에 대한 해결책을 제시한다.

2. CAMP의 현재 활동과 방향

CAMP(Community Action for the Management of Poverty)는 필리핀 민다나오 지역에서도 지속 가능한 발전을 이끄는 비영리 조직이다. 이 기관은 지역 사회의 경제적 자립과 환경 보호를 동시에 추구하며, 최근 코이카(KOICA, 한국국제협력단)와 함께 ESG(환경, 사회, 지배구조) 기반의 농업 개발 프로젝트를 시작했다. 이를 통해 농민들의 소득을 높이고 자연을 보호하는 혁신적인 방식을 제시하고 있다.

CAMP의 사회적기업 중 하나인 네이처링크(Naturelink)는 지역 농산물의 수출 유통·판매를 활성화하는데 필요한 절차를 마쳤다. 덕분에 농민들은 새로운 시장 기회를 얻고 안정적인 소득을 올릴 수 있게 되었다. 네이처링크는 유기농 친환경 재배 방식과 친환경 포장 기술을 적용해 농산물의 품질을 높이고, 국제 시장에서도 경쟁력을 확보하도록 지원하여 농민들이 직접 시장에 접근할 수 있도록 돕는다.

또한, 지속 가능한 농업을 위해 재생에너지 기반을 구축하고

[출처] icamp.asia

있다. 지속가능발전센터에서는 태양광과 지하수 개발을 활용한 재생에너지 설비를 도입해 지역 사회의 에너지 자립을 돕는다. 이 프로젝트는 농업 생산성을 높이고, 주민들이 안정적으로 에너지를 공급받을 수 있도록 한다. 이를 통해 농민들은 더욱 나은 환경에서 일할 수 있으며, 지속 가능한 농업을 실천할 수 있다. 더불어 친환경 농업 교육을 제공해 농민들이 지속 가능한 방식으로 경작할 수 있도록 돕고 있다.

지역 경제 자립을 지원하기 위해 다양한 정책과 교육 프로그램을 운영하고 있다. 사회연대경제 전문가들과 함께 정책 라운드 테이블을 개최하며, 성공 사례를 담은 자료집을 발간한다. 필리핀 민다나오 개발청(Minda)과 University of Southern Mindanao(USM) 간의 MOU 체결을 통해 지역 개발과 교육 협력을 강화하고, 주민들에게 필수적인 교육과 자원을 제공하는 데 기여하고 있다. 또한, 농업 기술과 창업 교육 프로그램을 운영해 주민들이 더욱 자립할 수 있도록 지원하고 있다.

이 외에도 한국청소년진흥원과 협력하여 메타버스 플랫폼을 활용한 한국-필리핀 청소년 국제교류 프로그램도 진행하고 있다. 이 프로그램은 두 나라 청소년들이 서로의 문화를 배우고 교류할 수 있도록 돕는다. 국제교류를 통해 청소년들은 다양한 경험을 쌓으며, 문화적 다양성을 존중하는 태도를 배울 수 있다.

뿐만 아니라, 한국의 경기도와 협력하여 필리핀 일본군 '위안부' 피해 생존자들을 지원하는 사업을 진행하고 있다. 필리핀 일본군 '위안부' 구술기록집 '롤라의 꿈'을 출간했으며, 온라인 전시회를 개최해 피해자들의 목소리를 알리고 있다. 나아가, 피해자들의 복지를 위해 의료 및 생활 지원 프로그램도 운영하고 있다.

더불어 딸락 사빵꾸란 지역주민과 함께 하는 '모두의 미술관 프로젝트' 등 다양한 프로젝트를 진행하며 지역 주민들과 협력하여 실질적인 변화를 만들어 지속 가능한 발전을 위한 다양한 방안을 모색하고 있다. 이러한 노력은 지역 사회의 경제적 자립을 촉진하고, 주민들이 더욱 나은 삶을 살 수 있도록 돕는다. 앞으로 더 많은 주민들에게 긍정적인 영향을 미치고, 지속 가능한 발전을 이루기를 기대한다. ¶글 우태식

지역주민과 함께 하는 '모두의 미술관 프로젝트
[출처] icamp.asia'

봉제협동조합 익팅(Igting) 방문 리포트

익팅 공장 내부 모습

　필리핀 협동조합 탐방에 대한 기대로 마음이 설레었다. 그러나 필리핀 빈민 지역의 삶의 현장은 너무나 낙후되어 있어서 충격이 컸다. 이런 빈민가의 삶이 필리핀의 현실이라는 것이 믿어지지 않았다. 책에서만 접하던 스마트 타워빌 사업 '익팅' 봉제센터의 '나나이'들을 만났고 그들이 가꾸어온 '익팅'이 처한 상황과 고충을 들었다. '익팅'이 지속 가능한 운영 방안을 묻는 그들에게 명료한 답을 줄 수 없는 현실이 안타까웠다.

　'익팅' 봉제센터를 방문했을 때 한 '나나이'가 자신의 에피소드를 들려주었다. 그녀는 영어를 몰랐지만, 열심히 공부해서 언어의 장벽을 극복했다고 한다. 엄청난 노력으로 삶을 개척해 온 의지의 필리핀 여성의 긍지가 느껴졌다.

당시 타워빌은 일자리가 거의 없었다. 이철용 대표는 현지에서 극심한 빈곤과 열악한 환경 속에서 살아가는 주민들의 삶을 가까이에서 지켜보았다. 특히 여성들이 처한 어려운 생활에 주목했는데, 많은 여성이 열악한 근무 환경의 의류 공장에서 부당한 대우를 받으며 일하고 있었다. 이 목사는 '익팅'의 나나이들에게 양질의 일자리와 교육 기회를 제공하여 궁극적으로 빈곤에서 벗어날 수 있는 길을 열어주고자 노력했다. 지역 조사를 통해 여성들을 훈련하는 것이 훨씬 효과적이라고 생각했다. 나나이들은 아이를 키워야 하고, 생계를 해결해야 하는 절박함이 있었기 때문에 여성 직업훈련이 필요했다. 여성이 더 많이 희생해야 하는 봉건적인 성향 탓인지 우리나라와 필리핀 여성의 삶이 별반 다르지 않게 느껴져 공감되는 부분이 많았다. 여성들이 처한 열악한 환경에 큰 문제의식을 느낀 이 목사는 그들이 인간다운 삶을 영위할 수 있게 기회를 제공하고 그들의 삶을 좋은 방향으로 이끌었다. 궁극적인 목적은 그들이 빈곤에서 벗어날 수 있도록 실질적인 도움을 주는 것이라는 점이 시사하는 바가 크다고 하겠다.

현지 의류공장은 열악한 노동환경과 저임금 문제가 만연하지만, '익팅' 봉제센터는 공정한 임금을 지급하고 있다. 센터에서는 근로자들의 노력에 대한 대가를 제공하고 이를 통해 근로자들은 기본적인 생활을 영위하고 가족을 부양할 수 있게 되었다.

'익팅'은 한국과 필리핀의 전문가들과 현지 주민들이 함께 만든 소중한 국제개발협력의 결과물이다. '익팅'은 현재 필리핀 정부의 인가를 받은 협동조합이고 지난 2017년부터 외부 지원 없이 독립적으로 사업을 진행하고 있다. 사업 운영을 통해 임금을 지급하고 미래에 대한 투자와 지역을 위한 기업의 사회적 책임(CSR) 사업까지 작은 규모나마 확장하고 있다. 사회적기업의 운영을 통해 빈곤 지역 주민들이 일자리를 얻고 그들의 소득이 증대되고 있다. 또한 종사자(직업 훈련생) 선발 시 여성 가장을 먼저 선발하여 여성 사회 참여도가 증가하고 있다. 조직의 관리자가 모두 여성으로 이루어졌다는 점이다. 더 나아가 위기 상황에도 지속적인 경영유지를 위한 노력을 하고 있다. 코로나19라는 위기 상황 때 최전방에서 면 마스크와 방호복을 만들어 오히려 더 성장하는 모델로 평가받았다. 무엇보다도 그것은 주민주도를 목표로 역량을 강화하고 독립적인 운영과 리더십을 형성했기에 가능한 일이었다.

　2014년 '익팅 봉제센터'는 명칭을 '익팅'으로 정하고, '익팅' 브랜드를 본격적으로 출시했다. 집단적 공공성이 강한 '익팅'이지만, '익팅' 봉제센터의 성장과 복지뿐만 아니라 종사자들 개개인에 대한 복지도 함께 증진할 필요성을 강조하고 있다. 저임금 문제와 복리후생, 그리고 신입 종사자들의 교육 등이 주요한 과제이다.

　2016년 '익팅'은 한국에서 국제핸드메이드페어에 참가하는 기

익팅 생산품

회를 얻었다. 캠프는 봉제센터의 두 명의 종사자와 두 명의 담당자를 초청했는데, 향후 '익팅'이 새로운 제품을 개발하고 후진 양성을 위해 한국의 여러 기관을 방문하고, 핸드메이드 페어에서 다양한 고객층을 만나도록 했다. '익팅' 참가자들은 봉제센터 제품 전시부터 홍보, 판매까지 모든 것을 진행했다. 처음으로 만나는 외국인을 상대하기에 부끄러움과 언어장벽으로 어려움은 있었으나 점차 자신감이 붙었고 페어 기간 중 다른 나라에서 온 참가자들과 소통하기도 했다. 행사가 끝난 후 한국 내 시장을 방문하여 여러 봉제관련 부자재 현황을 살펴보며, 어떻게 새로운 제품을 생산할 것인가 논의했다. 이런 경험으로 대표 제품인 '러그'를 개발하여 고부가가치를 만들어 내는 계기가 되었다. '익팅'은 민주적인 조직을 만들기 위해 모든 종사자가 참여하는 월례회를 활성화했다. '익팅'은 자체 상품 개발을 통한 고부가가치 제품군을 개발하는 데 중점을 두는 것으로 생산시스템을 바꾸어가고 있다. 이러한 생산시스템은 코로나19로 필리핀 내 도시 봉쇄령과 통행금지로 이동이 불편한 상항에서도 가징 내 생산을 이어갈 수 있는 좋은 기반이 되었으며, 2020년에는 마스크 30만 장, 방호복 약 3만 장을 생산하는 성과로 이어졌다.

1. 코로나 시기 익팅의 발돋움

'익팅'이 2018년 재정적으로 캠프로부터 완전히 독립한 후, 캠프는 역량 강화 프로그램을 별도로 진행하지 않았다. 이제 '익팅' 스스로 결정하고 판단해야 했기 때문이다. 2011-2017년까지 진행했던 다양한 역량 강화 프로그램이 같은 방식으로 이루어지지는 않았지만, '익팅' 봉제센터의 필요성에 따라 '익팅' 훈련위원회가 주관하는 훈련 요구분석을 통해 교육 내용을 선별하고 외부 강사를 섭외해 훈련 프로그램을 진행한다. 특별히 협동조합 설립 기간 동안 협동조합에 대한 강의와 신입 종사자를 대상으로 한 기본 봉제 훈련을 진행했다.

2020년 코로나19 사태를 통해 이러한 현실을 직면해야만 했다. 코로나19는 현지에서 활동하는 국제개발협력 단체들에도 직접적으로 영향을 미쳤다. 대부분 국제개발협력 사업 현장에서 한국인 사업 수행 인력과 봉사단이 철수했으므로 현지 직원들 또한

익팅 여성노동자들

 정부정책과 교통수단 제한으로 출퇴근이 불가능했고 대부분 한국의 국제개발 현장의 사업들이 중단되고 최소한의 구호시스템만 돌아가는 실정이다.
 이러한 현상은 현지 사업 단위를 외부 의존적으로 만들어 놓았기에 설령 자금이 투입된다고 하더라도 제대로 돌아갈 수 없는 구조적 한계를 갖고 있다. 모든 이동과 생계 수단이 통제된 필리핀에서도, 국제개발 현장은 물론 기업체도 생계를 위협받았다. '익팅' 봉제센터도 생계를 위협받기는 마찬가지였다. 그러나 어려움 극복을 위해 캠프는 지방정부와의 신속한 협의를 진행하여 '익팅' 봉제센터를 면 마스크를 생산하는 코로나 프론트라이너센터로 전환하는 특별 허가를 받았다. '익팅'은 마스크 생산 허가는 받았는데 제품을 수주할 곳이 없는 상황에서 긴급히 한국의 코이카를 포함한 재단과 지원 단체에 지원을 받아 생산을 시작했다. 현지 사회적기업 '익팅' 봉제센터가 외부에 알려짐에 따라 필리핀 보건부에서 수술용 마스크와 방호복 등을 주문하는 결과로 이어졌고 '익팅'은 위기를 기회로 만들어 냈다. 코로나 시대에 국제개발협력 현장의 사회적기업을 통해 일자리를 제공함과 동시에 코로나 방역을 지원하는 일뿐 아니라, 전 세계 환경문제로 떠오르고 있는 일회용 마스크가 아닌 면 마스크 생산을 통해 일회용품 사용 제재와 탄소배출 절감 등 환경적 가치까지 창출하는 큰 효과를 얻게 된 것이다.

'익팅' 봉제센터는 철거민과 이재민들로 형성된 타워빌 지역의 빈곤퇴치를 위해 사회적기업을 설립하여 일자리 창출과 자립 기반을 마련하는 것을 목표로 진행된 사업이다. 지역의 자원과 욕구를 최대한 활용하고 주민 리더십 발굴로 사업이 활발히 진행되었다고 볼 수 있다. 또한 이철용 대표의 헌신적 기여와 리더십이 발휘되었고, 지속적이고 투명한 거버넌스를 보장하는 것이 중요하다고 볼 수 있겠다.

'익팅' 봉제 사업은 교회의 네트워크 등으로 수많은 전문가의 재능 기부를 통해 이루어졌다. 재능 기부할 수 있는 전문가가 풀로 마련되고 유기적인 관계가 되어야 바람직하다고 한다. 사업상의 한계점, 지역 이해관계자와의 갈등, 봉제의 전문성 결여로 인한 시행착오 등이 있었고, 부자재 시장이 낙후하다는 점도 간과

할 수 없는 문제였다고 여겨진다.

2021년 코로나 시기에는 코이카(KOICA)가 NGO 캠프 아시아, 필리핀 현지 NGO 조토와 필리필 빈민도시의 코로나19 대응 지원을 위해 마닐라의 7개 빈민거주 지역에 성인용-아동용 면 마스크 총 11만 장을 배부하는 성과를 내어 코로나 위기를 넘길 수 있었다.

이철용 대표는 평화와 사랑을 실천하는 기독교 정신에 따라 소외된 이웃을 돕고자 했다. 그의 노력으로 교육시설과 지역의 건강증진센터가 건립되었고, 농업 및 소규모 사업 지원 프로그램이 시행되어 주민들의 삶에 큰 변화가 있었으며, 특히 여성과 청년들을 대상으로 한 직업교육과 창업 지원 사업은 긍정적인 성과를 거두었다.

그러나 최근 코로나19 팬데믹으로 인해 '익팅' 지역의 경제 상황은 더욱 악화하여 관광산업의 침체와 작물 수확량 감소로 주민들의 생계가 위협받고 있으며, 소득수준이 크게 떨어졌다. 이에 이 목사는 지역 경제를 활성화하고 주민들의 자립을 돕기 위한 새로운 방안을 모색 중이다. 이 목사는 금융 접근성 제고와 소득 창출 기회 확대가 시급한 과제라고 강조하며, 이를 위해 다양한 이해관계자들과의 협력을 추진하고 있다.

익팅 봉제 공장 직원들과의 간담회

2. 신용협동조합 설립

이철용 대표는 익팅 지역 주민들의 경제적 자립과 금융 포용성 제고를 위해 신용협동조합을 설립하여 전통적인 은행 서비스에 접근하기 어려운 저소득층과 소상공인들에게 저렴한 금융서비스를 제공하고, 지역 내 자금순환을 촉진하는 것을 목표하고 있다.

신용협동조합은 주민들의 출자금과 기부금으로 운영되며, 조합원들에게 저금리 대출과 저축 서비스를 제공하여 대출 심사 과정에서는 전통적인 담보 외에도 지역 내 인맥과 평판을 고려하여 금융소외 계층의 접근성을 높였다. 또한 금융 교육 프로그램을 통해 조합원들의 금융 지식을 높이고, 자금 운용 능력을 기르도록 지원하고 있다.

이러한 노력 덕분에 익팅 지역에서는 소규모 창업과 자영업이 활성화되었으며, 주민들의 소득수준도 점차 향상되고 있다. 신용협동조합은 지역 경제의 자생적 성장 동력이 되었고, 주민들의 삶의 질 향상에도 크게 기여했다. 이철용 대표의 비전과 주민들의 적극적인 참여로 지속 가능한 금융 모델이 정착된 것이다.

3. 소액 신용대출(Microcredit) 사업

그는 또한 소액 신용대출 사업을 통해 '익팅' 주민들의 경제적 자립을 지원하고 있다. 소액 신용대출은 소액 대출을 통해 저소득층과 영세 자영업자들의 창업과 소득 활동을 돕는 금융 지원 프로그램으로 이 사업에서는 담보 능력이 부족한 주민들에게도 소액 대출 기회를 제공하여 대출 심사 시 개인의 성실성과 사업계획의 실현 가능성을 중점적으로 평가하여 금융소외 계층의 접근성을 높였다.

소액 신용대출 사업은 '익팅' 지역의 경제 활성화에 크게 기여했으며, 주민들은 소규모 자본을 바탕으로 농장·상점·공방 등 다양한 사업을 시작하여 이를 통해 가계 소득이 증대되었다. 새로운 일자리가 창출되고 지역 내 현금 순환이 촉진되면서 경제가 활기를 되찾게 되었다. 이철용 대표의 소액 신용대출 사업은 지역 경제의 선순환구조를 만들어 내며, '익팅'의 지속 가능한 발전에 기여한 바가 크다.

이철용 대표의 활동으로 주민들의 창업과 소득 활동이 활성화되었고, 지역 경제가 성장할 수 있었다. 향후에도 금융서비스 접근성 확대와 경제 기회 창출을 통해 지속 가능한 발전의 기반을 다져나갈 것이다. 소액 신용대출 확대, 직업교육, 인프라 구축, 정부 및 민간 부문과의 협력 등 다각적 노력이 필요할 것으로 전망된다.

'익팅' 사업의 성공은 장기간에 걸쳐 일관된 목표를 유지하면서 체계적으로 사업이 추진되었다는 점에서 찾을 수 있다. 앞으로 '익팅' 봉제센터의 사업이 지속가능하기 위해서는 자체적인 자립 방안을 찾거나 시장에서 살아남을 수 있는 경영 관리능력을 갖추어야 하므로 보다 체계적이고 포괄적인 사업 설계가 요구된다. '익팅' 지역의 인구에 비해 '익팅 봉제센터'가 고용할 수 있는 인원이 적다는 점을 고려해 향후 체계적인 모듈화를 통해 다른 영역에서도 확산되도록 인권과 환경을 모두 고려하는 지역개발을 수행해야 할 것이다.

필리핀 '익팅'의 여성들이 봉제센터에 다니면서 어떤 노력을 했을까? 하는 궁금증을 가지고 탐방하면서 기대 내지는 호기심이 생겼다. 처음 방문한 '익팅' 봉제센터 관계자분들이 제공해 주는 혜택을 누리면서도 서먹하던 분위기였는데 간단한 레크레이션을 하면서 반갑게 인사를 나누었다. 이야기를 나누면서 '익팅'의 현재 상태를 자세히 들을 수 있었고, 지금의 사업을 지속 가능하게 할 수 있는 방법이 무엇인지 그들의 생생한 이야기를 들었다.

　우리 탐방팀은 그들 삶의 현장에서 일어나는 문제점을 하나하나 들을 수 있었다. 엄마로서 일하는 여성으로서 열악한 환경을 극복하며 삶의 터전을 윤택하게 만들기까지의 피땀 어린 노력이 결실을 볼 수 있도록 다 함께 열심히 달려왔음을 알게 되었다. '익팅'의 자료와 책이 그들의 삶을 다 말해 줄 수는 없고, 그들의 애환은 글로 표현하는 것에도 한계가 있다. 아이를 키우기 위해 여성으로서 헌신하고 희생하는 모습은, 한국에서도 혼자 아이를 키우며 생활하는 이들의 아픔이 고스란히 느껴지는 탐방이었고, 봉제센터의 가방을 사면서 그들이 정성 들여 만든 이 제품들이 세계 곳곳에 알려져서 많은 수요가 있기를 바란다.

　자립하는 것이 한계에 부딪혀 있는 그들에게 우리가 해줄 수 있는 것이 한정적이라는 생각이 들었다. 과거에 성공했던 것을 기반으로 '익팅'은 앞으로 자립적인 방향을 모색해 나가려 노력하고 있다. ¶ 글 장승은

네이처 링크 올가(ORGA):
유기농 친환경 식품 전문 매장 방문 리포트

올가 매장

필리핀 마닐라의 올가 매장은 유기농 친환경 식품 전문 매장이다. 우리나라의 한살림이나 두레생협과 비슷하다. 농사를 짓는 필리핀 딸락에서 농업공동체를 일구어 농사를 짓고 그 농산물을 정당한 값에 판매해서 농민들의 자립을 지속적으로 만들어가는 도농 순환 경제 모델을 운영하고 있다. 이번 한신대 사회혁신경영대학원에서 필리핀의 사회적경제를 탐방하는 중 마닐라 마카티 시티에 있는 네이처링크 올가 매장을 방문했다.

국제개발협력 NGO인 사단법인 캠프(CAMP)는 국제개발협력 분야에서 단순한 구호 활동을 넘어 사회적기업을 통해 일자리창출과 농촌지역의 소득 증대를 이뤄내 지역이 가진 문제를 동시에 해결하며 필리핀에서 성공담을 써 내려가고 있다.

사단법인 캠프는 2019년 KOICA의 '사회연대경제프로그램' 지원으로 필리핀에서 생산하는 농산물을 직접 활용한 상품을 만들어 현지에서 유통 판매하는 사업을 시작했다. 농촌지역의 소득 증대와 유통 판매를 통한 현지 청년들의 일자리 창출 등이 목표였다.

캠프가 활동하고 있는 딸락주의 경우 주로 농업이 주요 산업이다. 이곳 주민들은 대부분 소작농 또는 소농 위주로 이뤄져 있어 농사를 통한 수입에 의존해서는 가족을 돌보기 어려운 상황이다. 그렇게 농사만으로는 살아가기 힘들어 한국·일본 등에 계절근로자로 해외 취업을 하는 경우가 많다. 캠프는 지역 농민들과 함께 농산물의 품질을 향상하고, 가공식품 생산 등을 통해 부가가치를 높여 유통 판매하는 것이 주민 소득을 증대해 농촌을 구제하는 길이라 판단했다. 이에 캠프는 네이처링크(Naturelink)라는 사회적기업을 설립하고 딸락주 산호세시와 불라칸주에 도정 시설과 로컬푸드 가공시설을 설립해 자체 운영에 나섰다. 지역에서 생산 중인 제품은 현지에서 가공한 쌀을 비롯해 두부·콩물·유기농 계란·쌀 가공품 등이 대표적이다.

마닐라 중심지인 마카티에 유기농 전문 매장 올가(ORGA)를 운영하며 딸락에서 생산된 농산물 가공품을 직접 소비자에게 판매하고 있으며, 필리핀 내 사십여 곳의 현지 마트에도 납품 중이다. 품질에 대한 고객신뢰도가 쌓이면서 온라인을 통한 매출도 늘어 매년 20% 이상의 매출 성장을 구가하고 있고 한인 교민을 비롯한 현지 소비자를 대상으로 온라인마케팅을 전개하는 한편 윤리적 제품 프로모션 및 서비스 향상에도 지속적으로 노력하고 있다.

특히 필리핀에서도 K-푸드 열풍이 일어나고 있어 앞으로 한식과 연계된 제품 개발도 진행할 예정이고, 필리핀 전역에서 운영되는 사회적기업과 각종 생산 공동체의 다양한 제품으로까지 그 영역을 넓혀갈 계획이다.

사단법인 캠프 이철용 대표는 "구호 활동을 통해 일시적으로 도움을 줄 수는 있지만 지속가능성에 있어서는 한계를 실감해 왔다. 특별히 필리핀 농촌지역의 문제는 심각하고, 이를 해결하려는 방법 중 하나가 사회적기업 방식의 접근이라고 생각했다. 농

촌의 소득 증대와 일자리창출, 더불어 대한민국의 발전된 농업기술과 연계한 지속 가능한 곳을 만들기 위해 앞으로도 더욱 노력할 계획이다"라고 밝혔다.

　탐방팀이 머물던 호텔에서 올가(ORGA) 매장으로 가니 같은 마닐라인데도 분위기가 아주 달랐다. 거리 시민들의 표정도 편안해 보이고 외국인도 눈에 많이 띄고 치안이 좋게 느껴지고 군데군데 공원도 많이 보였다. 바로 그런 지역에 올가(ORGA) 매장이 자리하고 있었고 규모는 크지 않았으나 신강한 먹거리와 사단법인 캠프 사회적기업 1호 '익팅'의 나나이들이 만든 수공예품이 한 곳에 진열되어 있었다. 특히 한국 우유나 식품들이 진열되어 있어서 이유를 물으니, 필리핀에 거주하는 한국 가정이나 부유한 필리핀 가정에서는 위생적이고 품질이 좋은 한국식품을 선호한다고 했다.

  우리는 전날 마닐라의 열악한 빈민가를 탐방했던 터라 같은 나라 같은 도시 안에서 다른 세상 사람처럼 살고 있는 가난한 사람들과 함께 좀 더 나은 삶의 환경을 만들기 위해 노력하고 있는 사단법인 캠프에 감사함과 더불어 안도감을 느낄 수 있었다. 올가(ORGA) 매장이 필리핀 곳곳에 생겨 농민들에게 안정적인 판로가 되는 등 필리핀 지역사회에도 한류의 바람이 퍼지고 있음을 볼 수 있었다. ¶ 글 양경애

Box

조직화와 연대의 힘 :
캠프가 주목한 필리핀 도시빈민 운동

마닐라 스모키마운틴(쓰레기산) 인근의 열악한 주거 환경

1. 바세코 지역의 형성과 주거 현실

마닐라의 대표적 빈민 지역 가운데 하나로 꼽히는 바세코 컴파운드(Baseco Compound)는 남중국해와 파식강이 만나는 항구에 위치해 있다. 이 지역은 태풍과 홍수 같은 자연재해에 취약하며, 2000년대 전후로 대규모의 빈민이 불법이주하여 정착하면서 형성되었다. 현재 대부분의 거주민은 법적 토지소유권이 없어 퇴거

상단 흰색 원형이 톤도 지역, 하단 흰색 원형이 바세코 지역이다.(구글 어스)

명령과 강제철거에 대한 불안 속에서 생활하고 있다.

　바세코 지역의 토양은 진흙·조개껍데기·쓰레기 등으로 이루어져 있으며, 이 중 상당 부분은 바세코 조선소와 공공사업도로부에서 버려진 콘크리트 잔해들이다. 또한 화재 발생빈도가 높아 2002년 대형 화재로 전체 가구의 약 25~30%가 피해를 보기도 했다. 주택 대부분이 가연성 소재로 건축되었고, 열악한 도로 사정으로 인해 소방시설 접근이 어려운 것이 주요 원인으로 지목된다.

　바세코는 조수간만의 차로 인한 침수와 태풍·범람·지진 등 자연재해의 위험이 상존한다. 또한 마약중독, 장기 매매, 절도 같은 사회문제와 불안정한 치안 상태도 만연해 있다. 주민 대부분이 빈곤 상태에 놓여있으며, 영양실조와 열악한 위생 문제에 직면해 있다. 화장실 부족으로 인해 주민들은 바닷가나 방파제에서 대소변을 보며, 이로 인해 수인성 질환인 장티푸스의 감염률이 높다.

필리핀 정부는 바세코의 지정학적 이점을 활용하기 위해 간척 사업을 추진하려 하고 있으며, 이를 위해 거주민들에게 퇴거를 명령했다. 이에 대해 주민들은 반발하고 있다. 정부는 지역 팽창을 억제하기 위해 인프라 지원을 줄이는 방식으로 대응하고 있으며, 이로 인해 바세코 주민들의 주거 안정성이 심각한 사회문제로 부각되고 있다.

2. 환경과 정책이 만든 위기 구조

1990년대, 바세코와 인접한 파식강은 생물학적으로 사망했다고 선언될 정도로 오염이 심각한 상태였다. 1970년대 이후 강에서 물고기를 본 적이 없다는 마닐라 시민들의 증언이 이를 뒷받침한다. 파식강 오염의 주요 원인은 주민들의 하수(5%)보다 공장폐수(35%)와 마닐라시 전체에서 배출되는 생활폐수(60%)이다. 특히 파식강의 발원지인 라구나 호수는 농업폐수(40%)와 공장폐수(30%)로 인해 심각하게 오염되었으며, 주변 공장의 절반 이상이 폐수처리시설을 갖추지 않아 수질 오염을 가중하고 있다.

그러나 정부는 파식강 오염 문제를 주민들에게 전가하며, 대장

파식강과 마닐라 항구가 만나는 지역의 열악한 주거 환경

균과 플라스틱 쓰레기 문제에만 초점을 맞추고 있다. 이러한 태도는 바세코 거주민 철거 명령의 정당성을 확보하기 위한 전략으로 해석될 수 있다.

필리핀 정부는 2001년 환경정화를 명목으로 바세코를 포함한 30-37개 지역을 도시재개발 대상으로 선정했다. 이에 따라 파식강 하천변 10m 이내 가옥의 철거 명령이 내려졌고, 거주민들은 몬탈반으로 강제 이주를 요구받았다. 그러나 도심 접근성이 좋은 바세코를 떠나기를 거부한 주민들이 많다.

3. 주민조직과 자발적 대응의 시작

바세코 주민과 주민단체는 파식강 정화 사업을 사실상 간척사업을 위한 것으로 의심하며, 환경 파괴와 법적 타당성 부족을 이유로 이를 반대하고 있다. 주민조직에 따르면, 인위적인 토지 개간은 생물 다양성을 위협하고, 쓰나미와 홍수의 위험을 가중할 수 있다.

2001년, 필리핀 정부의 철거 명령에 대응하기 위해 바세코 주민들은 NGO(비정부 국제조직) 'UPA'의 지원을 받아 카발리캇(Kabalikat)이라는 주민조직을 결성했다. 카발리캇은 주민들의 의견을 반영해 '피플스 플랜(People's Plan)'이라는 바세코 개발 설계를 진행했으며, 약 3,500명이 넘는 주민이 참여했다. 이후 정부와의 협상을 통해 바세코 지역을 점유 허가 지역으로 인정받아 실질적인 토지소유권을 확보하는 데 성공했다.

비록 대형 화재로 인해 피플스 플랜은 실현되지 못했지만, 주민들은 자신들이 원하는 주거 공간을 직접 설계하고 논의한 경험을 통해 공동체의식을 강화할 수 있었다. 이러한 경험은 바세코 주민들에게 더 나은 주거 환경을 꿈꾸게 하는 중요한 계기가 되었다.

4. 필리핀 주민조직운동의 역사적 전개

필리핀 주민조직 운동은 1970년대 사울 알린스키(Saul David Alinsky)의 성공 사례와 허버트 화이트(Herbert White) 목사와의 협력으로 시작되었다. 이들은 PECCO(Philippine Ecumenical

Committee for Community Organizer)를 설립하고, 주민조직 운동을 체계화했다.

1970년대에는 마르코스 독재에 저항하며 톤도 지역에서 첫 번째 주민조직 운동이 시작되었다. 1980년대에는 NGO들이 대중연합운동을 형성하며 반독재투쟁에 참여했으나, 빈민들의 요구는 충분히 반영되지 못했다. 1986년 마르코스 정권이 물러난 후, 주민들은 개발되지 않은 지역으로 강제로 이주당했으며, 대중운동 대신 협상을 통해 권리를 요구하기 시작했다.

1990년대 이후, 필리핀 주민조직 운동은 소득 증대, 아동보호, 환경문제 등 다양한 통합 프로그램을 통해 지속 가능한 개발을 목표로 활동을 이어가고 있다.

1) 1970-1974년: 톤도에서의 출발과 독립적 조직화 시도
톤도 지역에서 최초의 주민조직화 운동이 시작되었으며, 마르코스 정권의 탄압 속에서도 주민들은 정당이나 정치조직에 종속되지 않는 독립적 조직으로서의 정체성을 유지하고자 했다.

2) 1974-1978년: 조직화 확산과 PECCO의 중심 역할
PECCO는 120여 명의 실무자들과 함께 마닐라 및 타 도시로 조직화 활동을 확산시켰다. 정치적 도구화 위험을 우려해 정당과의 거리두기를 철저히 유지했다.

마닐라 주민지원단체 SMHAO와의 간담회

3) 1978-1983년: PECCO 해체와 새로운 NGO의 등장
PECCO가 사라지고 다른 NGO들이 출현했다. 심지어 마르코스가 주민조직 운동의 방법론을 도용한 프로그램을 실시하기 시작했다.

4) 1983-1986년: 연합운동과 반독재 투쟁
NGO와 주민조직들은 대중 연합운동을 통해 반독재 투쟁에 적극 참여했지만, 정작 빈민들의 기본 요구는 정책에 반영되지 못했다.

5) 1986-1988년: 정권 교체와 협상 중심의 변화
마르코스 퇴진 이후, 협상을 통한 권리 주장 방식이 강화되며 도

시빈민단체전국회의와 대통령 직속 위원회가 설립되었다. 그러나 강제 철거는 계속되었고, 연합운동의 지속성은 약화되었다.

6) 1988-1992년: 통합형 개발 프로그램 도입
NGO들은 주민조직화에 기반한 소득 증대, 아동·여성 보호, 환경 및 정치 참여 등의 통합 프로그램을 실행했다.

7) 1992년-2000년대 초반: 지속가능한 개발과 정책 변화
정부는 지속가능한 개발을 위해 NGO·주민조직과의 협력체를 제안했으나 성과는 미미했다. 이후에는 지역 분권과 중소도시 중심의 주민조직화가 시도되고 있다.

필리핀의 주민조직운동은 1970년대 미국의 커뮤니티 오거나이징 이론가 사울 알린스키(Saul Alinsky)의 성공 사례와 그의 제자인 허버트 화이트(Herbert White) 목사의 실천을 통해 뿌리를 내리기 시작했다. 이들은 PECCO(Philippine Ecumenical Committee for Community Organizer)를 설립하고, 주민조직화의 이론과 기술, 실천 방법론을 체계화했다. 이러한 흐름 속에서 탄생한 대표적인 조직이 바로 톤도 지역의 조토(ZOTO)이다.

조토(ZOTO) 사무실을 방문한 한신대 사회혁신경영대학원 탐방팀

5. 톤도 빈민조직 조토(ZOTO)와 조직화의 힘

1970년대 마르코스 정권의 도시 재개발 정책에 맞서 톤도 지역 주민들은 조토(Zone One Tondo Organization)를 결성했다. 조토는 자조적 구호 프로젝트를 통해 주민들이 외부 기관에 대응할 집단적 힘을 기를 수 있도록 했다. 이후 조토는 더 큰 빈민조직인 욱나얀(Ugnayan)으로 확장되었다. 1982년에는 강제 이주에 반대하는 '반철거빈민연합'을 조직해 도시 빈민의 생존권을 보호하는 데 앞장섰다.

당시의 도시빈민은 수출산업을 위한 값싼 노동력이었으나 도시의 미관을 해치고 치안을 불안정하게 만드는 잠재적 불안 요소였기 때문에 도시 밖으로 밀려났다. 1972년 설립된 메트로폴리탄마니라위원회의 주요 직책을 맡고 있던 이멜다 마르코스는 도시빈민을 '토지 불법 점유자' 또는 '흉물스러운 것', '현대 메트로폴리스 건설의 장애물'로 생각하면서 도시빈민의 주거는 더욱 불안정해졌다. 1975년 대통령령 722에 의하여 스쿼팅(불법 점유)을 모두 불법으로 간주하면서 빈민 주거지 강제 철거 및 강제 이주에 정당성을 부여했다. 이러한 흐름으로 동남아시아에서 가장 큰 슬럼 지역으로 알려진 톤도지역의 재개발이 결정되자 이에 대응하기 위해 조토가 조직되었다.

조토는 단순한 지역 조직을 넘어, 빈민들이 스스로 의사결정권과 자율성을 학습하고 실천할 수 있도록 돕는 교육적 역할도 수행해왔다. 이들은 오늘날까지도 필리핀 내 대표적인 빈민 조직으로서 다양한 도시 빈민 지역의 권익 보호와 공동체 기반 사업에 적극 참여하고 있다.

사단법인 캠프는 이러한 조토의 역사성과 주민주도 역량에 주목하여, 조토와의 협력을 기반으로 톤도 지역에서의 사업을 본격적으로 시작하게 되었다. 캠프는 조토와 함께 지역 주민의 삶의 질 향상, 교육 및 자립 기반 마련, 그리고 국제연대 강화를 위한 다양한 프로그램을 공동으로 기획·실행하고 있다. 이는 외부 지원 중심이 아닌 주민 주도형 지역개발 모델을 실현하려는 캠프의 철학과 맞닿아 있으며, 필리핀 톤도 지역 내 지속가능한 변화의 씨앗이 되고자 한다.¶글 오봉석

4장
민다나오의 지속가능한 농업

필리핀 농업의 위기와 극복

1. 민다나오의 두리안 생산 현황과 문제점

1) 민다나오의 과일 생산 현황

필리핀의 주 과일류는 대부분 민다나오섬에서 생산된다. 2022년 기준, 필리핀 바나나 전체 생산량의 84.5%인 762만 톤이 민다나오섬에서 생산됐다. 이 중 다바오는 36.6%, 북민다나오(Northern Mindanao)가 22.6%, 소크사르젠(SOCCSKSARGEN)이 12.9%를 차지한다. 파인애플 또한 필리핀 전체 생산량의 88.2%인 257만 톤이 민다나오섬에서 생산되며, 북민다나오가 59.2%를, 소크사르젠이 27.9%를 차지한다(남경수 외, 2023). 두리안의 경우 민다나오 중에서도 다바오시에서 집중적으로 생산되는데, 다바오시의 두리안 생산량은 필리핀의 전체 두리안 생산량의 80% 차지한다(Fresh Plaza, 2023.8.21).

민다나오에서 품질 좋은 과일이 자랄 수 있는 이유는 기후 영향이 크다. 민다나오의 기후는 과일을 생산하기에 아주 적합하다. 특히 다바오의 경우, 산으로 둘러싸인 몬순형 열대우림 기후이며 바다 근처는 해양성 기후를 띠고 있다. 연간 강수량, 온도, 습도, 기압이 거의 변동이 없고 일조량이 충분하여 두리안을 재배하기 매우 유리한 조건이다(Fresh Plaza, 2023.8.21.). 다바오의 별명이 두리안의 도시인 것이 이해되는 대목이다.

다바오의 토종 두리안 품종은 골든 푸야트(Golden Puyat)는 황금색 껍질과 과육이 특징으로, 커스터드 크림처럼 부드러우면서도 풍부한 단맛을 지니고 있다. 특히 100% 숙성된 후의 단맛은 30~40도 브릭스에 이를 만큼 달콤하다. 또한 골든 푸야트는 열매 속이 작고 산출률이 높아 경제적인 두리안 품종으로 인정받고 있다(Fresh Plaza, 2023.8.21).

2) 두리안 농부들이 처한 문제점

다바오는 두리안을 키우기에 유리하지만, 두리안 농부들은 경제적으로 풍족한 삶을 누리지 못하고 있다. 그 이유는 크게 세 가지 정도로 나눌 수 있다.

첫째, 기후 위기로 인해 두리안의 품질이 하락하고 있다. 기후 변화로 인해 두리안 나무의 개화 시기가 늦어지고 있으며, 수확 및 출하 시기를 예측할 수 없는 문제가 발생하고 있다. 그뿐만 아니라 극단적인 날씨 변화, 이상기후로 인해 나무의 잎과 꽃이 영양분을 놓고 경쟁하게 되면 개화가 늦어지거나 중단되는 '번트

위_ 두리안 생산자협동조합의 농장
아래_ 두리안 생산자협동조합 농장에서 수확한 두리안

팁(burnt tip)' 현상이 발생한다. 이 현상 때문에 과일 숙성이 고르지 않으면 과육 끝부분이 짙은 갈색으로 변해 품질이 떨어지거나 먹지 못하게 된다(ASEAN EXPRESS, 2024.5.20.).

둘째, 농업 가치사슬에 문제가 있다. 유통구조 속 중간상 및 계약재배 등의 단계가 많아지며 생산자의 수익 반환율이 매우 낮아지고 있다. 이러한 시장의 불균형으로 인해 생산시장이 활성화되지 못하고 있다. 게다가 다바오의 두리안 농부들은 같은 품종의 두리안을 같은 시기에 심어서 같은 시기에 수확한다. 이에 따라 두리안 출하 시기에는 공급이 수요를 초과하면서 가격이 하락하게 된다.

셋째, 농업생산량 자체가 좋지 않다. 다바오의 두리안 농부들은 농법에 대한 이해가 낮다. 두리안 나무가 5m 이상 웃자라도 가지치기 등의 관리를 하지 않는다. 이에 따라 두리안을 수확하기 위해서는 사람이 높은 곳까지 올라가야 하며, 이 과정에서 낙상으로 인한 큰 부상이나 심지어 사망사고가 발생하기도 한다. 또한, 토양관리에 대한 필요성을 인지하지 못해 무분별하게 화학비료를 사용해 토지를 황폐화하고 있다. 그에 따라 생산 규모가 축소되고 있으며, 가공시설의 부재도 고부가가치의 생산물을 만들지 못하는 원인으로 꼽힌다.

두리안을 수확하기 위해 웃자란 두리안 나무에 오르는 모습

2. 중국의 두리안 열풍

1) 중국 내 두리안의 인기

최근 두리안이 중국의 부자들 사이에서 큰 인기를 끌고 있다. 과일이 상대적으로 저렴한 중국에서 두리안 한 통의 가격은 품질에 따라 150위안(약 3만 원)부터 최대 500위안(약 10만 원)까지도 치솟았다(이데일리, 2024.6.23). 두리안 한 통의 영양가는 닭 3마리와 같다는 인식과 더불어 프리미엄의 이미지가 형성되며

큰 인기를 끌고 있다. 특히 중국 중산층의 성장으로 점점 더 많은 중국인이 비싼 두리안을 구매할 수 있게 되면서 두리안은 높은 지위를 상징하는 과일로 자리 잡았다. 이전에는 체리가 부의 상징으로 여겨져 가격표를 보지 않고 체리를 살 수 있는 능력을 일컫는 '체리 자유'라는 표현이 있었는데, 이제는 '두리안 자유'로 대체되었다(매일경제, 2023.12.13).

중국 내 두리안의 인기에 힘입어 중국의 두리안 수입액은 매년 성장하고 있다. 2023년 두리안 수입액은 총 67억 달러(약 9조 3,000억 원)를 기록하며 수입 과일 중 1위를 차지했다. 그 전년도인 2022년의 수입액인 40억 3,000만 달러(약 5조 5,800억 원)보다도 더 증가한 수치다(이데일리, 2024.6.23). 2015년부터 2022년까지 7년간 중국의 두리안 수입량은 연평균 17%씩 성장하였으며(조선Biz, 2023.4.25), 2019년에는 중국의 최대 신선 과일 수입품이었던 체리의 수입량을 제쳤다. 유엔식량농업기구(FAO)에 따르면, 전 세계 두리안 소비의 95%가 중국에서 이루어지고 있다. 시장 조사업체 리서치앤드마켓은 보고서에서 전 세계 두리안 시장이 2030년까지 연평균 9.77% 성장할 것으로 전망했다(해럴드경제, 2024.4.9).

두리안의 인기에 중국 내에서도 두리안 재배를 시도하고 있다. 2023년 7월부터 중국은 하이난성에 위치한 약 93만 3,000㎡ 면적의 농장에서 수확을 시작했다(매일경제, 2023.12.13). 2024년 중국의 두리안 생산량은 약 200톤에 이를 것으로 예상되나, 2023

년 수입량인 140만 톤인 것을 비교했을 때 역부족이다(이데일리, 2024.6.23). 또한 아직 중국산 두리안은 맛과 품질이 떨어져, 동남아산 두리안의 호황이 당분간 지속될 것으로 예측된다(매일경제, 2023.12.13.).

2) 필리핀의 대(對)중국 두리안 수출

중국이 두리안 시장의 큰손으로 떠오르자, 태국·베트남·말레이시아뿐만 아니라 필리핀까지 중국 두리안 시장에 뛰어들었다. 2022년까지 중국은 태국산 두리안을 주로 수입했으나, 베트남과 말레이시아, 필리핀에서도 중국의 식물 검역 기준을 충족하며 시장에 진입할 수 있게 되었다(조선Biz, 2024.7.1). 중국에서 수입하는 두리안의 90%는 태국산이었으나, 최근 동남아시아 국가들이 중국의 두리안 시장에 발 빠르게 진입하며 시장 점유율을 높였다. 그 결과 2024년 1, 2월에는 베트남이 태국을 제치고 61.7%의 수출 점유율을 보이며 역대 최초로 중국의 최대 두리안 공급국에 이름을 올렸다(INSIDE VINA, 2024.4.8). 그에 반해 필리핀산 두리안의 중국 시장 점유율은 1%대다. 아직 필리핀산 두리안은 큰 인기를 끌고 있지 못하지만 필리핀 중앙정부가 나서서 두리안 농사를 권장하고 있고 일부 지역에서는 두리안 농사를 장려하기 위해 묘목이나 장비를 제공하기도 한다(헤럴드경제, 2024, 2. 26.).

필리핀과 중국 간 두리안 계약이 특히 눈길을 끄는 건 양국이 남중국해에서 영토분쟁을 벌이고 있기 때문이다. 현재 중국은 필리핀에 대해 무역 보복을 하고 있다. 2023년 9월까지 중국과 필리핀 간 무역은 지난해보다 16% 줄어든 541억 달러였다. 특히 중국의 수입은 19%나 줄어든 143억 6,000만 달러에 그쳤다. 하지만 이런 상황 속에서도 중국은 '돌(Dole) 차이나'를 통해 필리핀과 대규모 두리안 계약을 체결했다. 두리안 시장에서만큼은 백기를 든 셈이다(MoneyS, 2023.11.22).

'돌 차이나'의 관계자는 중국으로 연간 2,000톤의 필리핀 두리안을 수입할 것으로 전망했다. 중국 시장의 수요가 높아 운송비가 비싼 항공으로도 두리안을 수입하고 있을 뿐만 아니라, 필리핀 두리안은 태국·말레이시아·베트남산보다 저렴하고 생산 시기가 달라서 앞으로 더욱 수요가 증가하리라 예측했다.

중국이 이렇게 과일을 많이 수입할 수 있는 이유는 RCEP(역내포괄적경제동반자협정) 덕분이다. 상하이의 경제신문 제일재경일보(第一财经日报)는 캄보디아의 용안, 베트남의 패션프루트, 필리핀 두리안까지 수입 과일이 중국에서 소비되는 데 대해 RCEP이 역할을 한 것으로 분석했다(조선Biz, 2023.4.25). RCEP은 2022년 1월 1일부터 아세안 10개국과 비(非) 아세안 5개국(한·중·일·호주·뉴질랜드)에서 발효된 FTA(나사간 자유무역협정)로 중국이 주도했다. RCEP로 인해 아세안 국가의 주력 품목인 두리안·파파야·대추야자·망고스틴·구아바 등 열대 과일의 관세가 단계적으로 내려가고, 10년 후에는 완전히 철폐될 예정이다. 또한 냉동 열대 과일과 아보카도는 15년 후 철폐될 예정이다(농민신문, 2021.7.9).

3. 중국과의 불공정한 계약과 외교적 위험

1) 중국과의 불공정한 계약

다바오의 두리안 농가들은 두리안을 높은 가격에 거래하기 위해 중국 기업과 계약을 맺었다. 두리안의 높은 인기에 중국 기업들이 시중 가격보다 비싸게 두리안을 구매하겠다고 계약조건을 내건 것이다. 하지만 이 계약은 농가에 오히려 독이 되었다. 무상킹 품종을 심어야 했기 때문이다.

무상킹은 태국의 두리안 품종으로 중국인들이 좋아하는 두리안 품종이다. 하지만 다바오의 환경에서는 잘 자라지 않는 품종이다. 다바오에서 잘 자라는 골든 푸야트 품종이 존재하지만, 중국 기업들은 중국 소비자들에게 인기가 있는 무상킹을 심을 것을 요구했다. 두리안 농가들은 중국 기업의 요구대로 무상킹 두리안 나무만 재배했다. 다바오의 환경에 맞지 않은 무상킹 품종은 잘 자라지 못했고, 그 결과 생산된 두리안의 품질과 생산량이 저하되었다. 이에 두리안 농가들은 손실을 보게 되었다.

또한 중국 기업들은 진위를 알 수 없는 두리안의 품질 미달을 주장하며 대금을 지급하지 않은 일도 있었다. 두리안은 겉껍질이 단단해 겉모습으로는 품질을 알 수 없고 겉껍질을 까야만 과육의 품질을 알 수 있다. 중국 기업은 다바오에서 두리안을 수입해 중국으로 가져간 후, 껍질을 깠더니 과육이 썩어서 판매할 수 없다고 주장하며 대금을 지급하지 않았다. 다바오의 두리안 농가들은 이미 중국으로 건너간 두리안의 과육이 썩었는지 직접 확인할 수 없었다. 진실인지 거짓인지 제대로 파악할 수 없는 채로 돈을 받지 못하는 피해가 발생한 것이다.

2) 중국의 외교 전략과 무역 보복의 위험

영국의 주간지 이코노미스트는 중국이 두리안 수입을 늘리는 것은 두리안을 외교로 활용하려는 목적도 있다고 분석했다. 두리안 수입 증가를 통해 동남아시아 국가들과의 관계를 강화하고 동남아 지역에서 영향력을 확대하려는 전략의 일환이다(이데일리, 2024.6.23). 전문가들은 중국이라는 대형 시장 하나만 바라보고 농업 벨트 전체가 집중하게 되면 지역 경제가 취약해질 수 있다고 지적했다(연합뉴스. (2023.11.22). 중국은 자국의 경제 규모를 이용해 언제든 무역으로 수출국을 제재할 수 있기 때문이다. 중국의 의도적인 수입 중단은 자국 농업 기반 자체가 흔들릴 위험이 있다(매일경제, 2023.12.13).

이미 중국은 거대한 규모의 자국 시장을 이용해 상대 국가에 대한 무역 보복을 한 전례가 있다. 2012년 중국 정부는 필리핀에서 바나나 수입을 제한할 때 선적물에 깍지벌레가 발견됐다는 이유를 내세웠지만, 당시 남중국해 영토분쟁이 그 배경에 깔려있었다. 대만산 파인애플, 호주산 바닷가재와 와인, 노르웨이산 연어 수입 제한 등의 사례도 이와 비슷하다(연합뉴스, 2023.11.22). 이미 중국의 필리핀 무역 제재가 가해지고 있는 상황에서 두리안도 무역 보복으로 언제 활용될지 모르는 것이다.

4. 두리안 농부들의 희망, 협동조합을 통한 변화와 성장

민다나오의 두리안 농부들은 이러한 어려운 농업 환경을 개선하기 위해 두리안 생산자협동조합을 조직하였다. 우리 방문단은 두리안 생산자협동조합을 방문하였다. 방문 전날 밤 엄청나게 비가 쏟아졌다. 그 때문에 농장은 흙탕물과 진흙으로 걷기가 힘들었고, 내리쬐는 엄청난 햇빛에 압도되었다. 양산과 토시, 선글라스 등 만반의 준비를 했지만, 필리핀의 태양은 호락호락하지 않았다. 뜨거운 날씨와 푹푹 빠지는 발, 신발은 물론이고 바지 밑단까지 묻은 진흙. 정신없고 힘들었지만 그런데도 두리안 생산자협동조합은 이번 필리핀 탐방에서 가장 인상 깊은 방문지였다.

두리안 생산자협동조합은 캠프 아시아가 고부가가치를 만들어 내지 못하는 두리안 농부들을 지원하기 위해 설립하였다. 캠프 아시아는 민다나오의 바랑가이 4곳을 직접 방문해 두리안 농부들의 소득과 겪고 있는 어려움을 인터뷰하고, 두리안 농가의 규모, 토양, 재배 중인 두리안 종류 등의 농장의 전체적인 정보를

서던 민다나오대학 농업 연구개발센터에서 농장의 토양과 환경을 분석하는 모습

수집하였다. 이 조사에 참여한 농부들을 중심으로 80명의 두리안 생산자협동조합이 설립됐다.

현재 두리안 생산협동조합의 조합원들은 캠프 아시아의 지원을 받아 모든 조합원이 이수해야 하는 사전 등록 세미나(Pre-Registration Seminar), 협동조합 정책 및 운영 매뉴얼 제작 교육 등 협동조합 등록을 위해 필요한 여러 교육과 모임에 참여하며 정식 협동조합이 되기 위해 노력하고 있다. 이 과정에서 협동조합에 대한 이해도를 높이고 조합원들 스스로가 협동조합을 설립할 수 있는 역량을 키우고 있다.

또한 조합원들은 캠프 아시아가 매달 진행하는 교육을 받으며 고부가가치의 두리안을 제작할 수 있는 기술을 배우고 있다. 캠프 아시아는 필리핀국립대학(UP) 민다나오 캠퍼스, 서던 민다나오 대학(USM)과 협업을 통해 역량 강화교육, 기술교육이 진행되었다. 특히 파트너십을 맺은 서던 민다나오 대학의 농업 연구개발센터는 농장의 토양 성분을 분석해 알맞은 유기농 비료를 제작하는 등 기술적 지원도 아끼지 않고 있다.

 더불어 농민조직연합체인 유노르카(UNORKA), 칼리난 지방정부 등과 함께 유통과 판매를 담당해 두리안 판매시장의 유통 환경을 개선하기 위해 노력하고 있다. 이러한 두리안 생산자협동조합은 농업생산의 증대뿐만 아니라 지속가능한 농촌을 개발할 수 있을 것으로 기대한다. ◀ 글 김서연

민다나오의 지속가능한 농업을 이끄는 사람들

민다나오는 풍부한 천연자원과 비옥한 농지를 가진 지역이지만, 지속가능한 발전을 위해 해결해야 할 도전과제도 적지 않다. 기후 위기를 비롯한 다양한 도전에 대응하기 위해, 농업 기반 경제의 지속가능성을 높이고, 지역사회의 자립을 돕기 위해 정부, 협동조합, NGO, 대학이 함께 협력하며 다양한 시도를 하고 있다. 아래에서는 민다나오의 지속가능한 농업을 위해 고군분투하고 있는 그룹들의 활약을 소개하고자 한다.

첫째, 필리핀 정부 기관인 '민다나오 개발청'(MinDA) 방문기이다. MinDA는 기후 위기의 영향을 줄이고, 농업의 생산성과 부가가치를 높이기 위한 전략을 수립하고 있는데, 특히, '식량-물-에너지 연계(food-water-energy nexus)'를 고려한 정책적 접근과 재생에너지 확대를 통한 농업의 지속가능성 강화 노력이 주목할 만하다.

둘째, 두리안 생산자협동조합과 NGO, 대학 간 협력 모델을 집중적으로 살펴보았다. 기후 변화와 유통구조 문제로 어려움을 겪는 소규모 농민들이 협동조합을 결성하여 공동 생산과 가공시설을 운영하며 부가가치를 높이려는 노력이 인상적이었다. 필리핀의 전통적인 농업 방식과 친환경 적정기술이 결합하여, 지속가능한 농업을 실현하는 실험이 이루어지고 있다. 또한, 협동조합이 단순한 생산 조직을 넘어 농민들의 경제적 자립과 지역사회 발전의 거점이 되는 과정을 보여준다.

셋째, '서던 민다나오 대학(USM)'이 지역사회와 협력하는 방식을 소개한다. 대학이 단순한 교육기관을 넘어 지역사회와 적극적으로 협력하여 친환경 농업 기술을 개발하고, 연구 성과를 지역 농민들에게 전파하며, 지속가능한 농업 생태계를 조성하는 중심축이 되고 있음을 알 수 있다. 특히, 대학이 보유한 연구 역량과 지역 네트워크가 결합할 때, 지속가능한 발전을 위한 실질적인 변화가 가능하다는 점을 알게 되었다.

이러한 사례들은 필리핀 민다나오에서 펼쳐지고 있는 지속가능한 농업, 협동조합 모델, 그리고 대학과 지역사회의 협력이 어떻게 상호작용하며 발전해 나가는지를 보여준다. 이는 단순히 필리핀이라는 특정 국가의 사례를 넘어, 기후 위기와 농업의 지속가능성을 고민하는 다른 지역에도 유의미한 시사점을 제공할 것이다.

지속가능한 민다나오를 위한 전략:
민다나오 개발청(MinDA)

한신대학교 사회혁신경영대학원 필리핀 방문단은 2024년 2월 2일에 '민다나오 개발청(MinDA: Mindanao Development Authority)'을 방문하여 따듯한 환대와 더불어 몇 개의 중요한 강의를 듣게 되었다. 환영사는 원래는 마리아 벨렌 아코스타(Maria Belen S. Acosta) MinDA 청장이 직접 하기로 했으나, 바로 며칠 전에 있었던 폭우로 인해 피해 복구 업무로 청장이 참석할 수 없어서 대신 로메오 몬테네그로(Romeo Montenegro) 부청장이 환영사를 했다. 몬테네그로 부청장은 간략하게 현재 민다나오 개발청이 중시하고 있는 과제, 향후 비전이 무엇인지를 설명해 주었는데 무척 인상적이었다. 민다나오에서 농업은 매우 중요한데, 기후 위기의 심화와 더불어 식량-물-에너지 연계(food-water-energy nexus)가 중요한 농업 의제가 되었다고 한다. 먼저 농업에서 물을 효과적으로 잘 관리하고 한 방울이라도 알뜰하게 사용하면서 적절한 기

MinDA에서의 간담회

술을 동원하여 물의 재사용률을 높이는 것은 매우 중요하다.

다음으로 농업 가치사슬 또는 부가가치 창출과 관련해서 보면, 식량 생산 과정에서 어떤 에너지를 이용했는지가 점차 중요해지고 있다. 곧 화석연료를 사용해서 생산된 농산물인지, 아니면 재생가능에너지를 사용해서 만들어진 농산물인지에 따라 시장에서 가격 차이가 나기 때문에 재생에너지 비중의 확대가 농업의 부가가치 증대에도 도움이 된다. 민다나오의 에너지 비중(energy mix)을 살펴보면, 전력 생산에서 화석연료에 의존하는 비중이 원래는 30%였고, 재생가능에너지(수력, 바이오매스 등을 포함)가 70%를 차지했다고 한다. 그러나 인구 증가와 공업 발전 등으로 인해 전력 수요가 빠르게 증가했고, 이를 충족하기 위해 총발전량 2,400메가와트 규모의 석탄화력발전소들을 증설하는 바람에 현재 화석연료 비중이 70%, 재생가능에너지가 30%로 뒤바뀌었다. 이 때문에 오히려 주변 국가들보다 민다나오의 전기료가 비싸졌다는 것이다. 그래서 향후 2030년까지는 이 비중을 50대 50으로 조정할 계획이다.

우리가 방문하기 며칠 전에 발생한 홍수 피해에서 보듯이, 점차 기후 위기로 인한 피해가 커지기 때문에 하천 유역의 홍수 관리, 숲의 복원과 보전 등도 향후 민다나오의 지속가능한 발전을 위해서 중요한 과제라고 했다. 그리고 이미 언급했지만, 농업 가치사슬에서 유리한 위치를 선점하기 위해서는 농업 생산품의 가공 과정에서 재생가능에너지 사용을 확대할 계획이 있다고 했다. 그뿐만 아니라 향후 수소에너지, 수소화합물 혼합 연소 기술과 관련하여 한국과의 기술협력에도 관심이 있다고 했다.

두 번째 강의는 민다나오 개발청 '기획 및 조사부'의 아르기 레파르토(Argie S. Leparto) 개발관리국 국장이 필리핀 행정 체계와 민다나오 개발청의 역점 사업, 그리고 민다나오 개발청이 중요한 역할을 수행하고 있는 빔프이아가(BIMP-EAGA) 사업에 대한 전반적인 설명해 주었다. 필리핀 행정 체계는 세 개의 위계로 구성되어 있다. 첫 번째 층위는 행정부(대통령과 부통령), 입법부(24명의 상원의원과 316명의 하원의원), 사법부(대법원)로 구성되어 있다. 두 번째는 내각을 구성하는 부처들과 특별청들, 그리고 법원으로 구성되어 있는데, 민다나오 개발청은 이 특별청 중의 하나다. 세 번째는 지방정부(주지사, 시장, 바랑가이(Barangay) 캡틴)와 다양한 형태의 지방 및 행정 법원들이 존재한다.

민다나오 개발청은 2010년 2월 17일에 제정된 R.A. 9996이라는 법률에 따라 설립되었고, 민다나오의 사회경제적 발전을 촉진하고 이를 위해 다양한 분야에서의 참여와 기여를 조정하는 것을 목적으로 한다. 민다나오의 면적은 97,530㎢이며, 인구는 2천7백만 명으로 필리핀 인구의 24%를 차지한다. 섬은 주도(州都)가 있는 다바오시 지역과 방사모로(Bangsamoro) 자치 구역 등을 비롯하여 총 6개의 구역으로 구분된다. 레파르토 국장은 민다나오 개발청이 집중적으로 노력을 기울이는 민다나오 사회경제적 개발의 10개 의제를 자세히 소개해 주었다. ① 주민들의 복지(well-being) ② 식량-물-에너지 넥서스 ③ 무역과 산업 개발 ④ 국제적 파트너십과 빔프이아가 ⑤ 교통, 물류 및 연결성 ⑥ 디지털 전환과 혁신 ⑦ 생태적 통합성 ⑧ 자연재해에 대한 대비와 복원력 ⑨ 평화, 거버넌스 그리고 제도 ⑩ 제도적 역량 강화의 여건 마련 등이다. 특히 10개의 의제 중에서 주민들의 웰빙과 돌봄을 매우 중시하고 강조한다는 인상을 받았다. 이 10개의 의제는 2030 지속가능발전목표(SDGs) 17개 의제와도 긴밀하게 연결되어 있다. 또한 민다나오는 문화적·인종적·종교적 다양성이 다른 지역에 비해 두드러지기 때문에 다양한 이해당사자들의 참여나 의견 교환, 포용적 접근이 중요하다고 설명해 주었다. 또한 민다나오 개발청이 국제적 파트너십에서 필리핀을 대표해서 참여하고 있는 빔프이아가와 관련하여 다섯 개 분야 기둥(pillars)에서 전개되는 현재의 사업들에 대해서 상세히 설명해 주었다.

세 번째 발표는 민다나오의 중요한 산업인 농업에 대한 전반적인 소개였다. 발표자는 민다나오 개발청의 봄 살레스(Bom Sales) 국장이었다. 민다나오는 필리핀의 식량 바구니라는 별명이 있을 만큼 농업생산이 풍부하지만, 부가가치 생산 측면에서는 크게 세 가지 문제가 있다고 했다. 첫째는 농업생산의 규모가 너무 작다는 점이다. 아주 정확한 통계는 아니지만, 쌀을 예로 들자면, 민다나오 농민들이 평균 1.5헥타르 정도의 논을 소유하고 있는 소농들이 대부분이어서 규모의 경제가 확보되지 않는다. 따라서 시장에서 협상력도 부족하고, 마케팅 측면에서도 불리하다.

둘째는 품질 측면에서 문제가 있다. 평균적으로 생산된 농산물의 60%는 품질이 낮고, 40% 정도만 좋은 품질이다. 이것은 40% 정도의 농산물만 제값을 받거나 더 높은 가격에 팔 수 있고 60%는 제값을 못 받거나 심지어 버리는 일도 있다. 물류비용이 너무 비싸서 민다나오 이외의 지역으로 보내는 것을 포기하거나 가격경쟁력이 떨어지는 문제가 발생한다.

셋째는 농업 가치사슬을 적절하게 지원힐 수 있는 시스템이 부족하다는 점이다. 부가가치를 높일 수 있는 물류, 마케팅 등을 지원하는 시스템이 필요하다. 필리핀의 맥락에서 가능성이 큰 방식은 소농들의 협동조합을 형성하는 것이다. 협동조합 또는 사회적

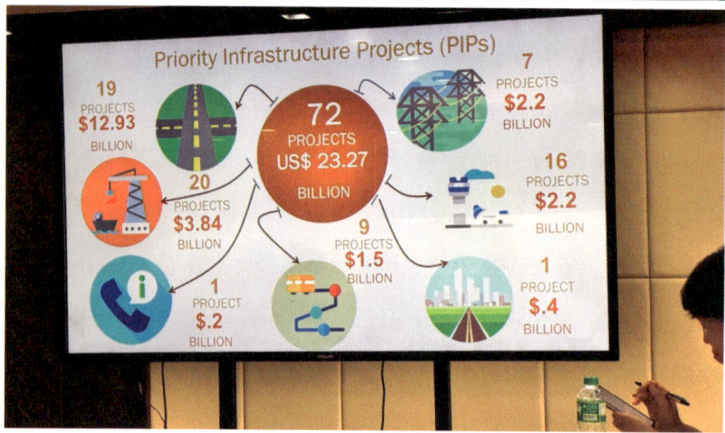

기업을 통해 소농들이 단순한 농부가 아니라 기업가로 전환할 수 있으며, 농업 가치사슬 속에서 유리한 위치를 점유함으로써 단순히 농업 원재료를 판매하는 것보다는 높은 부가가치를 창출할 수 있다. 물론 성공할 수도 있고, 실패할 수도 있으며, 거버넌스나 금융 문제 등도 남아있기는 하지만, 이러한 방향의 노력이 해결책이 될 수 있다고 전망했다. 또한 이를 위해 민간 부분의 투자도 유치에도 힘쓸 계획이다.

민다나오 개발청에서의 환영사와 두 개의 강의 모두 상당히 인상적이었다. 민다나오 개발청이 단순히 특별청 가운데 하나가 아니라 민다나오의 지속가능한 개발에 진지하고도 진심 어리게 접근하고 있으며, 기후 위기에 대한 적응 노력이라든가, 민다나오만의 독특한 상황(문화적·인종적·종교적 다양성 및 군사적 갈등)을 고려한 독자적인 개발 전략을 수립하여 열성적으로 추진하고 있는 점이 감동적이었다.

관료주의적으로 추상적인 정책을 펴는 것이 아니라 농업 현장이나 재난 현장 등에 대해서 매우 구체적인 지식을 보유하고 있으며 밀착형 행정을 전개하는 모습이 잘 드러났다. 물론 보고서와 강의만으로 우리의 판단이 다 옳다고 볼 수는 없지만, 민다나오 개발청을 방문한 이후에 강의를 들었던 공무원과 실제로 두리안 농장을 답사하고 현장 농민들의 의견을 청취한 결과, 우리의 판단이 틀린 것은 아니라는 생각이 들었다. ¶ 글 이상헌

지속가능한 농업을 위한
두리안 시범농장의 실험과 도전

　민다나오에서 한 시간 넘게 달려오니 풍경의 변화가 시작됐다. 도심의 높은 건물들을 지나 단조로운 단층집들이 눈에 들어왔다. 가끔 보이는 이층집과 작은 벽돌집들을 지나 높은 야자수와 푸른 나무들만이 가득한 길에 들어섰다. 마침내 도착한 두리안 시범농장에는 80여 명의 조합원이 방문단을 맞이하기 위해 준비하고 있었다. 우리는 2023년 11월에 설립한 두리안 협동조합의 첫 외국인 방문객이었다. 그 사실을 알고 나니 단순한 농장 구경을 넘어 그들의 새로운 도전을 지지하는 연대의 의미가 더해지는 듯했다.

　실제로 본 두리안 나무는 야자수처럼 높아 그 위를 한참 바라봐야만 했다. 숨은그림찾기 하듯 우리는 나무 위에 매달려 있는 두리안을 찾아냈다. 그사이에는 한 나무에서 처음 열린 두리안을 감싼 빨간 봉투들이 가끔 보였다. 우리를 맞이하는 농민들과 함

코코넛 껍질과 두리안 껍질을 활용한 멀칭(mulching)

께 농장 한가운데 빨랫줄을 널고 그 위에 흰 천을 걸어 만든 빔 스크린을 바라보며 이야기를 나누기 시작했다. 캠프 아시아, 두리안 농민, 서던 민다나오 대학교는 두리안 협동조합을 통해 농민들의 소득을 높이고 지속가능한 농업을 만들어 가기 위해 모두 함께 고군분투하고 있었다. 이번 장에서는 그들이 어떻게 농업의 미래를 만들고 있는지 소개해 보고자 한다.

친환경 농업기술 개발

기후 위기가 농업에 영향을 미치고 있다는 사실은 누구나 인정

할 것이다. 잘 키우던 농작물이 갑작스러운 폭염에 말라버리고, 폭우에 잠기며, 과일이 맺히지 않는다. 이는 식탁 위에 있던 반찬이 하나둘 사라지는 것을 넘어, 농민들의 생계에 직접적인 영향을 미친다. 그렇기에 가장 먼저 위험을 인식하고, 앞장서서 기존과는 다른 방식을 찾아 나서게 된다. 그러나 앞서 말했듯, 기후위기로 인한 생산의 변화 외에도 필리핀 내 유통구조 문제, 농법에 대한 낮은 이해도 같은 상황이 겹쳐 있다. 모든 문제를 한 번에 해결할 수 없지만, 하나씩 바꿔나갈 수는 있다.

두리안 시범농장에서는 대형 농기계도, 첨단 장비도 없다. 토지와 대기를 오염시키지 않으면서도 누구나 간단하게 활용할 수 있는 기술을 개발하는 것이 이 시범농장의 핵심이다. 운 좋게도 서던 민다나오 대학교에서 카카오나무의 친환경 재배법을 개발

중이었기에 해당 재배법을 두리안 나무에 적용하고 있었다. 해당 적정기술을 몇 가지를 소개한다.

첫째, 코코넛 껍질과 두리안 껍질을 활용한 멀칭(mulching)이다. 멀칭은 농토가 건조해지는 것을 방지하고 습도를 유지해 준다. 밭을 검정 비닐로 덮는 것도 멀칭의 하나로 자주 사용되는 기술이다. 이곳에서는 필리핀에서 가장 흔하게 볼 수 있는 코코넛 껍질을 활용해 쓰레기를 만들지 않는 멀칭방법을 개발하였다. 코코넛 껍질은 폐기물로 전락하여서 한쪽에서 썩어나가는 골칫거리기도 했다. 하지만 코코넛 껍질을 땅 위에 고루 펼쳐 놓는다면 훌륭한 멀칭이 된다. 코코넛 껍질에서 나오는 양분은 두리안 나무를 키우는 땅으로 돌아가며 토양 내의 생물 다양성을 높여준다. 동시에 농업부산물을 처리하기 위한 비용도 절감된다.[1]

둘째, 우유와 꿀을 이용한 친환경 수분 유도제가 있다. 열매를 맺기 위해서는 벌과 나비 등 매개체의 수분이 필수적이다. 현대 농업에서는 화약 비료와 농약으로 인해 수분 매개체들이 줄어들고, 사람이 꽃가루를 사용하는 인공수분까지 나타났다. 하지만 이곳에서는 우유와 꿀을 9대 1로 섞어 나무에 분무하고 있었다. 농민들이 수분 유도제를 두리안 나무에 뿌리자마자, 달콤하고 고

---

[1] 한국에서도 볏짚, 나뭇잎 등을 활용한 유기농법 멀칭을 쉽게 찾아볼 수 있다. 과거의 조상들이 터득해 온 농업의 기술이지만, 현대사회에서는 손쉽게 비닐로 대체되고 있다. 이는 멀칭으로 사용하기 위해서는 농약을 사용하지 않은 재료를 구해야 한다는 면에서 어려워진 점도 있다. 그렇기에 벌목과 목재에서 나오는 부산물인 우드 칩을 활용한 실험도 이뤄지고 있다.

소한 냄새가 우리를 감쌌다. 곧이어 작은 벌레들이 하나 둘 나타나 날아다니는 모습도 볼 수 있었다.

셋째, 안전을 위한 가지치기법이다. 시범농장에 들어서자마자 웅장한 두리안 나무들이 우리를 맞이했고, 농민들이 특정 열매를 가리키며 조심하라고 주의를 시키며 한 나무 앞으로 우리를 데려갔다. 그 나무는 위가 아닌 옆으로 뻗어나가며 두리안을 맺고 있었다. 두리안 나무가 자라는 평균 높이는 20~30m에 달하며 두리안 열매는 개당 2~3kg으로 뾰족하고 단단한 껍질을 가졌다. 높이 자라는 두리안 나무의 특성과 위협적인 열매로 인해 두리안 농가에서는 사고 발생률이 높다. 가지치기를 통해 한 나무의 생산량을 늘리면서도 나무의 수형을 조절해, 더 안전하게 농사를 짓는 방법을 연구하고 있었다.

이 외에도 작은 유리병을 이용해 강수량을 확인하는 등 이곳에서 연구되는 기술들은 꽤 단출해 보였다. 하지만 이곳 농부들에게 필요한 것은 스마트팜이나 기업형 농장이 아니라, 누구나 자신의 농장에서 사용할 수 있고, 개인의 안전을 보장하며 탄소배출을 줄이는 지속적인 농업기술이 필요했다. 단순해 보이지만 가장 필요한 기술이 연구되고 있었다.

수익 다양화를 위한 시도

2023년을 기준으로 필리핀 국민의 약 4분의 1이 농업에 종사하고 있지만 필리핀 국내 총생산(GDP)에서 농업이 차지하는 비중은 10% 내외뿐이다(남경수 외, 2023). 그중에서도 민다나오는 필리핀 농산물의 70%가량을 생산하고 있다. 그러나 GDP에서 알 수 있듯이 농민들의 경제적 상황은 매우 열악하다. 농민들의 빈곤이 발생하는 이유는 규모의 차이와 수확물의 품질 문제에 있다.

특히 두리안은 독특한 향과 맛으로, 세계적으로 유명한 과일이지만, 유통기한이 2주밖에 되지 않는다. 특히나 냉장 유통 기술이 발달하지 않은 필리핀에서는 두리안의 신선도를 유지하는 데 어려움이 있다. 두리안 생산자협동조합에서는 생산물의 부가가치를 늘리기 위해 가공법과 시설을 준비하고 있다. 품질 저하를 최소화할 수 있는 냉동법과 장기간, 장거리 유통을 할 수 있는 건조가 대표적인 방법이다. 하나의 가공시설을 개인이 만들 수 없지만, 80개의 농가와 외부의 지원이 함께 모였기에 가능했다. 농업 가치사슬 안에서 농민이 조금 더 유리한 위치를 차지하기 위한 시도이기도 하다. 실제로 두리안 나무 한 그루에서는 1톤가량의 두리안이 생산되지만, 수확기에는 1kg에 5페소로 판매되고 소비자에게는 1kg에 300페소에 팔리는 유통과정을 지니고 있다.

현재 협동조합에서는 가공시설 마련과 동시에 다른 삭물과의 연계를 통해 경제적 안정성을 높이고 있다. 바로 '카카오'다. 카카오는 연중 생산이 가능하고 두리안의 수확시기와 겹치지 않기 때문에 안정적 소득을 제공해 왔다. 그러나 갑작스럽게 두리안의 수요가 증가하고 외부 자본이 들어오면서 많은 농부가 카카오를 뽑고 그 자리에 외국 바이어가 요청하는 품종인 무상킹을 심는다. 하지만 두리안 수확을 위한 기간은 최대 7~8년이 걸린다. 그 사이에 병충해와 전염병으로 인한 피해를 보아도, 외국 바이어의 변심으로 인한 거래 파기 시 모든 피해는 오롯이 농부들에게 돌아간다. 그렇기에 두리안 농가에는 작더라도 꾸준한 수익을 가져다주는 요소가 필요하다. 카카오가 일종의 기본소득을 보장할 수 있는 작물로 알려지면서 카카오 재배를 다시 시작하고 있다. 동시에 농장들이 필리핀에서 가장 높은 산인 아포산 아래에 자리 잡고 있기에 고도에 맞춰 연중 생산을 이뤄낼 수 있도록 연구하고 있다.

기후 위기와 농민, 국제개발 협력과 사회적경제

두리안 생산자협동조합 소득 증대 사업은 필리핀 내 사회적경제 진흥을 목표로 하는 국제개발 협력 사업으로 현재 코이카(KOICA)가 지원하고 있다. 시범농장의 실험과 혁신은 민다나오 개발청'(MinDA)과 서던 민다나오 대학교(University of Southern Mindanao), 두리안 생산자협동조합의 농부들이 핵심 이해당사자로 함께하고 있다. 이들을 중심으로 두리안 협동조합의 규모를 키우고, 공동의 가공시설을 만들어 브랜드화를 시도하고 있다. 동시에 소득 증진을 위한 기술개발뿐 아니라, 환경을 고려하는 친환경 적정기술도 개발하고 있다.

시범농장에서 이뤄지고 있는 각종 기술 연구는 수십억을 투자해 그동안 없었던 기술을 만들어 내는 것이 아니다. 원래 농업이 가지고 있는 순환 고리를 다시 이어 붙이고 있는 과정 중 하나다. 그 무엇도 파괴하지 않으면서 말이다. 두리안을 냉동하고 건조하는 것 또한 기존에 없던 가공 방식이 아니다. 탄소 배출량을 줄이기 위해 친환경 에너지를 사용하는 것도 이러한 노력의 일환이다.

우리가 지구 위에서 살아가며 겪고 있는 수많은 변화는 더 이상 기후 위기라는 단어만으로는 설명되지 않는다. 무너지고 잠기고 불타고 사라진다. 이러한 위협은 가장 낮은 곳에 있는 사람들에게 가장 극적으로 다가온다. 사람들이 함께 쌓아온 탑은 그 밑을 든든히 받치고 있는 존재들이 흔들리는 순간 무너진다. 한 달간 내리는 비에 차츰 익숙해지고, 천천히 하나 둘 사라지는 것을 당연히 여기게 된다.

민다나오 두리안 시범농장에서는 두리안 생산자협동조합, 캠프 아시아, 민다나오 개발청, 서던 민다나오 대학이 함께 협력하여 두리안 농업의 문제를 단기적으로 해결하는 데 그치지 않고, 장기적인 농업 생태계를 구축하는 방안을 모색하고 있었다. 이들을 중심으로 농민들의 안정적인 삶을 지키고 지속가능한 농업 환경을 조성하는 지역사회의 실험과 도전은 현재 진행형이다.

¶ 글 구가온

대학과 지역사회의 협력:
서던 민다나오 대학을 중심으로

　서던 민다나오 대학은 어떻게 지역에서 '대학의 사회적 역할'을 수행할 수 있었을까? 이를 논의하기 전에, '대학은 왜 사회적 역할을 수행해야 하는지'에 대해 이야기하지 않을 수 없다.

　김한곤(1993)에 따르면 대학 교육이 양적으로 증가했으나 지역과 대학 간 괴리가 발생했음을 그 이유로 들고 있다. 이수열과 박재흠(2022)은 ESG의 중요성이 강조되는 현시대에서 고등교육을 제공하는 대학의 사회적 책임이 두드러진다고 이야기하며, 연구를 통해 대학의 경제·사회적 영향력을 화폐적 가치로 계량화하여 지역사회에 미치는 긍정적인 영향을 보여준다. 이는 무려 250억 원 규모로, 투입된 재정의 3.5배 가치에 해당한다.

　그렇다면 대학은 어떠한 사회적 역할을 수행하고 있는가? 김한곤(1993)은 지역-대학 간 괴리를 해결하기 위해 지식의 정보제공, 대학의 사회참여 교육 확대, 문화예술 활성화를 위한 노력,

대학 시설의 개방과 같은 네 가지 노력이 필요하다고 주장했다. 나강열(2024)은 대학의 기능과 역할 가운데 하나는 지역사회 경쟁력 제고이며, 대학과 지역사회의 연계를 넘어 공존 단위의 당위성이 대두한다고 지적한다. 이는 캠퍼스 활용을 넘어 보다 광범위하고 일반적인 지역사회 모든 계층을 대상으로 그 활용성의 범위를 넓힐 필요성을 제시한다.

조찬래(2016)는 지역발전과 관련한 대학의 역할과 주요 기능에 대하여 아래와 같이 정리한다. 첫째, 교육 및 연구를 통해 문화유산을 보존·계발하고, 지역 정체성과 통합력을 강화하며, 정보 서비스 센터 활동, 다양한 산학협력, 지식 저장 기능을 수행한다. 둘째, 인력 양성의 역할을 통해 지식과 혁신을 공급하고, 도시 이미지를 강화하며 지역 경제를 활성화한다. 셋째, 사회적 봉사로 사회 인프라를 제공하고, 다양한 이벤트를 창출 및 시행하며, 주민 삶의 질 향상에 기여한다. 넷째, 공간 계획을 통해 물리적 환경을 개선하고 생활 편의성을 증대한다. 다섯째, 창조적 환경 조성으로 대학가 문화를 형성하고, 새로운 상권을 발전시키며, 다양한 사람들의 교류와 혁신을 촉진한다.

또한 김영미(2021)는 대학이 전통적인 교육이나 연구 활동을 넘어 적극적 지역사회 실천 활동을 확장하는 것에 85.7%가 찬성했다는 연구 결과를 들어 대학의 역할 변화에 대한 기대를 강조하였다. 이처럼 대학은 학생을 지역사회의 인재로 배출하고, 지식의 요람으로서 중추적인 역할을 수행하며, 나아가 지역의 지속

가능성을 높이기 위해 최선을 다해야 한다. 따라서 대학은 스스로 역할을 끊임없이 고민하고, 지역사회와 협력하기 위한 노력을 지속해야 한다.

2010년 녹색연합은 한국 대학의 과도한 에너지 사용 문제를 제기하며, 대학의 사회적 책임을 강조하였다. 이를 계기로 대학이 기후 위기에 대응해야 한다는 인식이 확산하였으며, '그린캠퍼스' 운동이 대학 구성원인 교직원과 학생이 함께 실천해야 할 과제로 자리 잡았다. 필자 역시 한신대학교 학부 재학 시절, 그린캠퍼스(Green Campus) 운동에 참여한 경험이 있다. 이상헌 교수님과 한신대학교 산학협력단과 함께 대학의 유휴부지를 가꾸는 활동을 했으며, 이는 내가 활동가의 길을 걷게 된 중요한 계기가 되었다. 이처럼 교원, 직원, 학생, 그리고 대학 제도 등 전반적인 시스템이 유기적으로 작동하면서, 지역사회에서 역할을 수행하는 한 사람으로 성장할 수 있었다.

하지만 한국 사회는 경쟁이 고착화된 구조를 가지고 있으며, 대학 역시 치열한 경쟁을 조장하여 학생들을 취업시장으로 내몰고 있다. 지역사회에서 꿈을 키우고 정착할 수 있는 청년을 길러내기보다는, 사회적으로 성공할 가능성이 큰 인재를 배출하는 것이 대학의 주된 목표가 되어버렸다.

다음으로 소개할 필리핀 서던 민다나오 대학은 지역사회의 변화를 선도하고 있다. 이 대학이 사회적 책임을 어떻게 실천하고 있는지를 살펴보는 것은, 대학의 비전과 미션이 '사회적 책임'을 중심으로 형성되는 과정이 얼마나 중요한지를 명확히 이해할 수 있는 중요한 사례가 될 것이다.

서던 민다나오 대학(USM)의 사회적 역할

지역의 지속가능성을 높이기 위해 NGO는 지역 주민과 함께 지역 의제를 해결하는 '길잡이' 역할을 한다. 이들은 지역의 문제를 발굴하고, 주민들과 협력하여 해결책을 모색하며, 변화를 직접 실행한다. 반면, 대학은 지역사회에 필요한 지식을 연구하고, 이를 체계적으로 정리하여 공유하는 '나침반' 역할을 한다. 대학은 연구와 교육을 통해 방향을 제시하고, 지역사회의 발전을 위한 실질적인 지원책을 마련하며, 지원센터 운영 등을 통해 지식과 실천을 잇는 '다리' 역할도 수행한다.

그 대표적인 사례로, 서던 민다나오 대학은 친환경 농법을 개발하고 이를 지역 내 두리안 및 카카오 농장 등에 보급함으로써 지역사회에 지식을 전파하는 역할을 수행하고 있다. 또한, 다양한 연구센터를 운영하며 학제 간 연구를 촉진하고, 이를 통해 지역사회 발전에 기여하고 있다. 대부분의 연구 활동은 농업연구센터(USMARC)와 필리핀 산업작물연구소(PICRI)에서 수행된다. 농업연구센터는 국립 연구 기관으로서 옥수수, 수수, 과일 작물을 비롯해 쌀과 기타 곡물, 가축 및 농업 시스템, 수자원, 응용 농촌 사회학, 절화 및 관상식물 등에 관한 연구를 수행하며, 코코넛 및 채소 작물과 관련해서는 협력 연구를 진행한다. 필리핀 산업작물

연구소는 고무, 섬유 작물, 커피, 향신료, 카카오 등 산업 작물에 관한 국가 연구 기관으로서 중요한 역할을 담당하고 있다.

또한 '서비스 확산센터'를 설립하여 연구 결과를 지역사회에 확산하며, 지역과 대학을 연결하는 '연결고리' 역할도 수행한다. 여기서 말하는 '확산'이란 대학의 다양한 학문 분야와 협력하여 연구 결과 및 유용한 정보를 조정·전달하는 과정이다. 이 과정에서 코디네이터가 중심이 되어 연구 결과를 지역사회에 간접적으로 전달하며, 시민단체 및 공공기관 등과 협력하여 네트워크를 형성하고 있다. 이러한 활동은 단순한 정보 전달을 넘어 지역 주민들이 보유한 기술과 전통적인 지혜를 융합하는 것을 목표로 한다. 따라서 문제 인식, 조직 구성, 프로그램 기획, 의사결정, 실행 및 평가 과정에서 지역 주민들이 적극적으로 참여하도록 한다. 서비스 확산센터는 취약계층의 1인당 소득 증대와 사회경제적 복지를 향상하는 것을 목표로 하고 있으며, 주요 활동은 지역사회의 물리적, 사회문화적, 경제적, 정치적 복지를 증진하기 위한 인적 자원 개발에 초점을 맞추고 있다. 캠퍼스 안팎에서 비학점 연수 프로그램을 운영하며 지역 주민들에게 실용적이고 기술적인 훈련을 제공하는 프로그램을 예로 들 수 있다. 이 과정을 통해 농업인들은 농업 효율성을 높일 수 있는 기술을 습득하며, 실업자와 불완전 취업자들은 취업 및 창업에 필요한 직업 기술을 배우게 된다. 또한, 확산센터의 기술 모바일 팀은 이러한 내용에 대해 게시판, 저널, 매뉴얼, 시각 자료, 특집기사 보도 등을 활용한 정보통신 업무를 통해 지역사회에 유용한 정보를 제공한다.

더 나아가, 대학의 전문 지식을 지역사회에 제공하기 위해 자문과 기술 지원 활동도 추진하고 있다. 상담 및 자문, 모니터링과 평가, 새로운 혁신적 방식의 교육 등이 포함되며, 농업 생산성과 수익성 증대, 영양 개선을 목표로 여러 기관과 협력하여 파트너십을 구축하고 있다. 이렇게 대학에서 전파한 지식과 기술은 두리안과 카카오 농장에서의 사례처럼 지역 농민들의 경험과 결합하여 '삶의 기술'로 정착되고 있으며, 지역사회의 지속할 수 있는 발전을 이끄는 긍정적인 결과를 만들어 내고 있다.

서던 민다나오 대학의 기본 가치 :
로컬을 중심에 둔 대학의 미션, 비전

서던 민다나오 대학은 어떻게 지역사회에 대한 책임을 최우선으로 내세울 수 있었을까? 그 해답은 대학의 미션과 비전에 담겨있다. 서던 민다나오 대학의 설립 목적은 지역과의 상생에 있다. 보다 구체적으로, 이 대학의 모토는 '남부 필리핀에서 교육, 연구, 자원 개발을 통해 사회·경제적 발전을 촉진하고, 다양한 지역사회 간의 조화를 이루며, 궁극적으로 삶의 질을 향상하는 것'이다.

제시하고 있는 4대 핵심 기능은 교육, 연구, 자원 생산과 확산을 중심에 두고 있다. 특히, 대학이 일반적으로 강조하는 교육과 연구뿐만 아니라, '확산'을 주요 기능으로 포함하고 있다는 점이 인상적이다. 이러한 미션과 비전을 단순한 선언에 그치지 않고,

서던 민다나오대학의 비전과 미션

지속 가능한 발전을 위한 대상이 글로벌 경쟁력을 갖추고, 문화적 민감성과 도덕적 책임감을 갖춘 인적 자원으로 육성되도록 적절한 양질의 교육을 제공한다.

/ 미션

교육, 연구, 교육 확대 및 자원 창출을 통해 남부 필리핀에서 사회경제적 발전을 가속화하고, 다양한 지역사회 간의 조화를 증진하며, 삶을 향상하는 데 도움이 된다.
핵심 가치: 선함, 반응성, 우수성, 옳음과 진실에 대한 주장

/ 목표 · 목적

- 과학 기술 분야, 특히 농업과 산업 분야에서 주로 전문교육 및 프로그램을 제공
- 농업경영 · 식품영양 · 어업 · 임업 · 수의학 · 공학 · 산업교육 및 민다나오의 사회 · 경제적 발전에 필요한 기타 과정을 포함한 모든 농업 분야에서 고급 연구, 조사 및 사후 서비스와 진보적 리더십 촉진
- 지역 내 관련 기관의 인력 수요에 부응하는 대학원 수준의 과정 개발
- 비공식 교육을 제공하고 식품 생산, 영양, 무역 및 산업, 엔지니어링, 건강 및 스포츠 개발 분야에서 다양한 연장 프로그램을 수행하며, 사회경제적으로 빈곤하지만, 자격을 갖춘 학생들에게 장학금 또는 파트 타임 일자리 기회 제공

공식 홈페이지 및 다양한 대외 채널을 통해 구체적으로 공개하며 적극적으로 실현하고 있다는 점도 주목할 만하다.

지역사회에서의 대학의 역할은 무엇인가?

서던 민다나오 대학의 사례를 통해 우리는 지역사회가 직면한 문제를 해결하기 위해 대학, 지역사회, 이해관계자 및 관련 기관이 긴밀하게 협력하고 있음을 확인할 수 있다. 서던 민다나오 대학의 지식 확산 노력은 민다나오 지역의 두리안 및 카카오 농장의 성장에 기여하고 있다. 이는 단순히 농산물의 품질을 향상하는 데 그치지 않고, 지역 경제력까지 증대시키는 성과를 거두고 있다. 이러한 사례는 대학과 지역사회가 상생하는 모범적인 모델로 평가될 수 있으며, 현재 한국이 직면한 지역 소멸, 도시 침체 등의 문제 속에서 대학이 수행해야 할 역할을 시사한다.

오늘날 대학은 상아탑을 넘어 실천하는 지식의 역할을 요구받고 있다. 대학이 보유한 지식이 특정 계층의 전유물로 머무르는 것이 아니라, 지역사회와의 선순환을 통해 대학의 역할이 확장되어야 한다. 그러나 한국의 교육은 '선진 교육을 배운다'라는 명목 아래, 생산성과 경쟁력을 갖춘 인재 배출에 초점을 맞추고 있다. 참된 선진 교육이란 지역과 공존하고 상생하며, 삶의 기술을 함께 만들어 가는 과정이 되어야 하지 않을까? 이것이 과거 사르트르가 얘기한 '실천하는 지식인'이 아닐지 다시금 고민해 본다.

◀ 글 이슬기

Box

민다나오의 발전과 도전:
빔프이아가(BIMP-EAGA)를 중심으로

　필리핀 영토의 약 30%에 해당하는 민다나오 지역은 필리핀에서도 독특한 위상과 특성이 있다. 먼저 역사적으로도 외국에 온전히 식민화되지 않았던 곳이다. 다시 말해서, 필리핀이 스페인에 300여 년, 미국에 50여 년, 일본에 3년 정도 식민지화되긴 했지만, 민다나오는 완벽하게 식민화되지 않았다고 볼 수 있다. 또한 필리핀이 가톨릭의 영향을 강하게 받고 있음에도 여전히 필리핀 전체 인구의 약 6% 이상의 무슬림 인구가 존재하고 있고, 무슬림 반군(反軍)이 민다나오 남서부 지역에서 분리 독립운동을 하고 있다. 좀 더 구체적으로는 민다나오 무슬림 방사모로 자치구(BARMM)가 존재하고 있는데, 자체 의회가 주도하는 내각책임제를 통해 민다나오 내 무슬림 신도들의 자치를 최대한 보장하기 위한 1국가 2체제의 공존 모델이 존재한다(KITA, 2025.03.22). 2024년은 필리핀 정부와 반군 간에 방사모로 포괄협정(CAB:

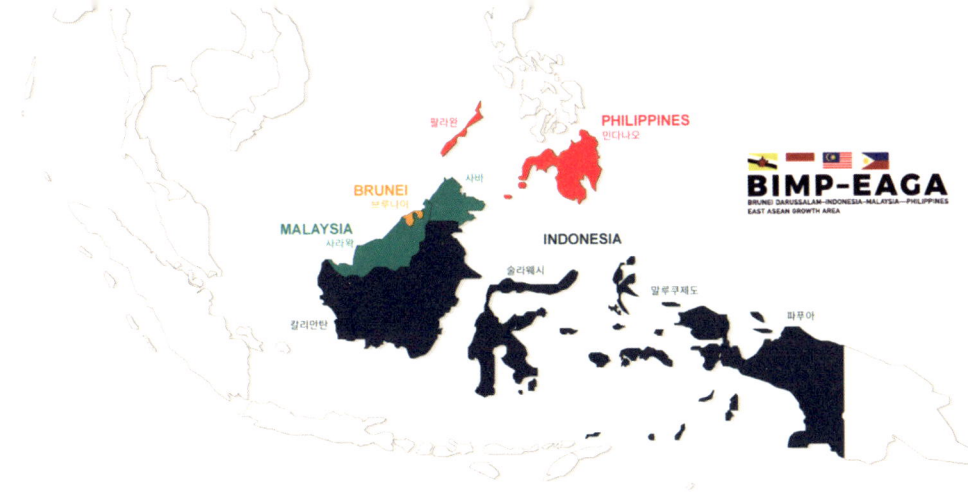

〈그림〉 빔프 이아가 지도
출처: 한·해양동남아 협력포털(https://www.bimp-korea.org/about/about.php)

Comprehensive Agreement of the Bangsamoro)이 체결된 지 10주년을 맞은 해로서, 올해 필리핀 정부는 민다나오 지역의 평화 노력을 지속하기 위해 258만 달러(약 35억 4,000만 원)를 들여 평화 및 안보 기지 4곳을 재건하기로 했다(KIEP, 2024.6.7).

민다나오에는 천연가스와 광물이 풍부하며, 우기와 건기의 구분이 없고, 태풍의 내습도 잘 없으며, 필리핀에서 제일 높은 아포(Apo)산 중심으로 토양이 비옥하여 농업에 유리하다. 그래서 필리핀의 식량 바구니(food basket)라는 별명을 갖고 있을 정도로 많은 농산물이 생산되지만, 이로 인한 경제적 수익은 크지 않은 편이다. 부가가치가 높지 않은 형태의 농산물 수출이 주로 이루어지고 있기 때문이다.

필리핀의 다른 지역에 비해 상대적으로 경제가 낙후된 민다나오의 발전을 위해 제시된 것이 빔프이아가(BIMP-EAGA: Brunei Darussalam-Indonesia-Malaysia-Philippines East ASEAN Growth Area)는 바다를 통해 서로 연결된 해양 동남아 4개국(브루나이·인도네시아·말레이시아·필리핀)의 낙후 지역발전을 도모하면서 ASEAN 국가들 사이의 발전 격차를 줄이기 위해 만들어진 것이다.

빔프이아가는 1994년 당시 필리핀 대통령이었던 피델 라모스 대통령의 제안으로 만들어졌으며, 4개국 간의 무역·투자·관광을 촉진하는 것을 목표로 한다. 필리핀에서는 민다나오와 팔라완 지역이 여기에 포함된다. 2002년에 아시아개발은행(Asia Development Bank)이 수임기관 역할을 담당하게 되었다. 2003년 10월, 인도네시아 발리에서 제1차 빔프이아가 정상회의가 개최되었고, 말레이시아 코타키나발루에 빔프이아가 조정사무국(Facilitation Center)이 개설되었다. 2017년에는 '빔프이아가 비전(BEV) 2025'가 발간되었는데, BEV 2025의 목표는 회복력 있고(resilient), 포용적이고(inclusive), 지속가능(sustainable)하며, 경제적으로 경쟁력 있는(economically competitive) 소지역 발전을 통해 지역 간 개발격차를 줄이는 것이다.

빔프이아가를 실질적으로 추진하는 역할을 담당하는 민다나오 개발청(MinDA)은 9996호 법령(Republic Act 9996)에 따라 2010년에 창설되었다. 민다나오 개발청의 비전은 평화롭고, 통합적이

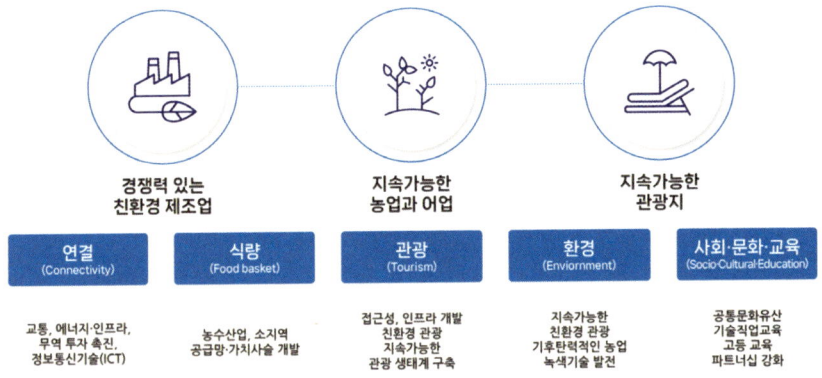

그림 빔프 이아가 비전 2025의 3대 목표와 5개의 기둥들(pillars)
출처: 한・해양동남아 협력포털(https://www.bimp-korea.org/about/about.php)

며, 지구적으로 경쟁력 있는 민다나오를 위한 전략적 리더십을 발휘하는 것이다. 또한 모든 분야가 민다나오의 효과적인 사회경제적 발전을 위해 참여할 수 있도록 진작하고, 조정하며, 촉진하는 것을 목적으로 한다. 민다나오 개발청의 활동 목표는 다음 네 가지다.

첫째, 민다나오의 다양한 평화 및 사회경제적 개발 프로그램 및 프로젝트에 대한 전략적 계획 및 통합 프로그래밍을 제공한다. 둘째, 민다나오의 옹호 의제(advocacy agenda)를 추구하는 데 민다나오 이해관계자들의 지역 간 연계와 시너지 효과를 위해 노력한다. 셋째, 빔프이아가 소지역 이니셔티브에 민다나오와 팔라완의 적극적인 참여를 보장한다. 넷째, 민다나오에 대한 투자를 촉진 및 유지하고 자원을 동원하며 섬의 평화와 개발 과제를 해결하는 데 필요한 핵심 프로그램 및 프로젝트를 구현한다.

¶ 글 이상헌

나가는 말

무엇을 배울 것인가:
필리핀 사회적경제와의 대화

유한나_ 한신대 조교수

　이 책은 단순히 필리핀 사회적경제의 사례를 소개하는 것이 아니라, 우리에게 주는 교훈을 찾기 위한 탐구의 과정이었다. 한국의 사회적경제는 정부의 정책에 힘입어 빠른 양적 성장을 이루었으나, 정권 교체와 급격한 정책 변동에 따른 부침을 겪고 있다. 혹한기를 통과하며 우리는 여러 구조적·실천적 한계를 인식하고 자성하기도 하였다. 하지만 그대로 멈춰있을 수는 없기에 우리 탐방단은 필리핀의 사례에서 무엇을 배울 수 있을지 고민하며 이번 탐방을 진행했다.
　필리핀의 사회적경제 조직은 빈곤과 기후위기라는 열악한 환경 속에서도 지역주민의 힘에 기반해 나름의 방식으로 운영되고 있었다. 협동조합은 지역 주민이 주도적으로 참여하며 경제적 자립을 모색하고 있었고, 사회적기업은 시장에서 생존하기 위해 다양한 비즈니스 모델을 실험하며 변화를 시도하고 있었다. 사전에 방대한 문헌과 자료들을 학습했음에도 불구하고, 방문 기간이 제한적이었기 때문에 그들의 현실을 온전히 이해했다고 단정하기는 어렵다. 필리핀의 사회적경제 조직들도 정책 변화나 재정적 불안정, 제도적 한계 등 여러 가지 도전과 마주하고 있을 것이다. 하지만 우리가 보고 경험한 사례들은 지속 가능한 발전과 문제 해결을 위해 지역사회와 시장에서 자생하는 구조를 만들어가는 노력이 필요하다는 점을 다시금 생각하게 했다.

우리가 방문한 사회적경제 조직들은 단순한 경제적 대안이 아니라, 공동체의 필요에 의해 만들어지고 성장한 조직들이었다. 그들의 목표는 단순히 수익을 창출하는 것이 아니라, 필리핀 사회가 당면한 문제를 해결하면서도 경제적 지속 가능성을 유지하는 것이었다. 이 과정에서 외부 지원이 전혀 없는 것은 아니지만 정부의 역할은 비교적 작았으며 지원이 있든 없든 지속할 수 있는 구조를 고민하며 나름의 속도로 전진하는 모습이 인상적이었다.

그렇다면, 한국의 사회적경제는 어떤 방향으로 나아가야 할까? 필리핀의 사례를 보며, 우리는 정부 지원을 넘어서 자생력을 갖춘 사회적경제 모델을 만들어야 한다는 과제를 다시 한번 되새겼다. 동시에, 사회적경제가 단순히 경제적 활동을 넘어 핵심 이해관계자를 중심으로 형성된 공동체의 연대와 협력을 기반으로 해야 한다는 점도 확인할 수 있었다.

이제 중요한 것은, 우리가 이 탐구에서 얻은 교훈을 어떻게 실천할 것인가 하는 점이다. 한국에서도 다양한 실험과 시도가 이루어지고 있지만, 여전히 해결해야 할 과제가 많다. 사회적경제가 지속가능하려면, 정부 지원에 의존하는 모델을 넘어 시장과 지역 공동체 속에서 살아남을 수 있는 기반을 마련해야 한다. 현장 실천가는 혼합적 방식으로 풀어나갈 수 있는 한국 사회의 과제를 정확히 응시하고 집중해야 할 것이다. 그리고 정책가와 연구자는 앞서 걷기보다 사회적경제 조직이 스스로 성장할 수 있도록, 생태계의 각 요소를 단단하게 채우는 데 주목해야 한다. 현장의 주도성을 방해하는 제도나 관습은 정리해야 할 것이다.

이번 탐방이 끝이 아니라 새로운 시작이 되었으면 한다. 필리핀에서 우리가 본 변화의 씨앗이, 한국에서도 더 깊이 뿌리를 내릴 수 있도록, 연구와 실천을 이어가야 한다. 사회적경제는 정책의 한 형태가 아니라, 지속 가능한 삶을 위한 실천 방식이다. 우리가 그 방향성을 고민하고 실천하는 한, 한국 사회적경제의 미래는 더욱 밝아질 것이다.

바쁜 일정 속에서도 함께 고민하고, 현장을 탐방하며 열정을 나눈 모든 분들께 깊은 감사의 마음을 전한다. 이번 경험이 각자의 자리에서 새로운 도전을 시작하는 삭은 세기가 되기를 바라며, 앞으로도 함께 성장해 나가기를 기대해본다.

참고자료

[1부]

- 김병권. (2023). 「기후를 위한 경제학: 지구 한계 안에서 좋은 삶을 모색하는 생태경제학 입문」. 서울: 착한책가게.

- 로리 파슨스 지음, 추선영 역. (2024). 「재앙의 지리학: 기후붕괴를 수출하는 부유한 국가들의 실체」. 파주: 오월의 봄.

- 제이슨 히켈 지음, 김승진 역. (2024). 「격차-빈곤과 불평등의 세기를 끝내기 위한 탈성장의 정치경제학」. 아를.

[2부]

- 기획재정부. (2020). 제3차 협동조합 기본계획 및 제4차 실태조사 결과 발표. https://www.moef.go.kr/nw/nes/detailNesDtaView.do?menuNo=4010100&searchNttId1=MOSF_000000000032964&searchBbsId1=MOSFBBS_000000000028

- 마티아스 슈멜처, 안드레아 베터, 아론 반신티안 지음, 김현우, 이보아 역.(2023). 「미래는 탈성장: 자본주의 너머의 세계로 가는 안내서」. 서울: 나름북스.

- 맥스 아일 지음, 추선영 역, (2023). 「민중을 위한 그린 뉴딜: 제삼세계 생태사회주의론」. 성남: 두 번째 테제.

- 송재일. (2022). 최근 협동조합 법제의 제반 쟁점: 조직법제, 사업법제, 세제 지원을 중심으로. 한국협동조합연구, 40(4), 121-146.

- 앨런 말라흐 지음, 김현정 역. (2024). 「축소되는 세계: 인구도, 도시도,

경제도, 미래도, 지금 세계는 모든 것이 축소되고 있다」. 서울: 사이.

- 윤해진, 채영제, 방태형, 황선영. (2014). 「우리나라 협동조합의 현실과 미래: 한국형 사회적경제 대안을 국제비교와 필리핀 협동조합에서 찾아본다」. 서울 : 진원사.

- 이송희일. (2024). 「기후 위기 시대에 춤을 추어라: 기후·생태·위기에 대한 비판과 전망」. 서울: 삼인.

- 하승우, 2016, "베네수엘라 협동조합운동 연구: 체제 전환과 풀뿌리실험", 모심과 살림연구소.

- 한국사회적기업진흥원(2020), 아시아 사회적경제보고서.

- Ballesteros, M. M., & Llanto, G. M.(2017). Strengthening social enterprises for inclusive growth: Philippines. Philippine Institute for Development Studies:
Surian sa mga Pag-aaral   Pangkaunlaran ng Pilipinas.

- Bidet, E., & Defourny, J.(2019). Social enterprise in Asia: Theory, models and practice(p. 392). Taylor & Francis.

- Council, B.(2015). A Review of Social Enterprise Activity in the Philippines, August 2015

- Council, B.(2017). The state of social enterprise in the Philippines. London, UK: British Council.   URI:https://www. britishcouncil. org/sites/default/files/the_state_of_social. [Accessed November 7, 2017].

- Dacanay, M. L. M.(Ed.). (2004). Creating a space in the market: social enterprise stories in Asia. Asian Institute of Management.

- Dacanay, M. L.(2019). Social enterprise in the Philippines: social enterprises with the poor as primary stakeholders. In Social Enterprise in Asia(pp. 251-271). Routledge.

- Dacanay, M. L.(2024). Handles for Understanding Social Enterprises as Actors in the Social Economy in the Philippines, Jan 2024.

- ESCAP, U., & Council, B.(2017). Reaching the farthest first: the state of social enterprise in the Philippines.

- Habaradas, R. B., & Aure, P. A. H.(2016). Managing social enterprises in the Philippines: Challenges and strategies. J. Legal Ethical & Regul. Isses, 19, 39.

- ILO(2021). Strengthening Social and Solidarity Economy Policy in Asia : Mapping the Social and Solidarity Economy Landscape in Asia – Spotlight on the Philippines, ILO brief, 2021. 10.

- Klaus Dörre, Hartmut Rosa, Karina Becker, Sophie Bose, Benjamin Seyd (eds).(2019). Große Transformation? Zur Zukunft moderner Gesellschaften Sonderband des Berliner Journals für Soziologie, Springer

- Mandigma, M. B. S., & Badoc-Gonzales, B. P. (2022). Tax exemptions of cooperatives in the Philippines and in other countries: a comparative study. Review of Integrative Business and Economics Research, 11, 144-163.

- Sara Calvo Martínez, Andrés Morales Pachón, José María Martín Martín and Valentín Molina Moreno.(2019). "Solidarity Economy, Social Enterprise, and Innovation Discourses: Understanding Hybrid Forms in Postcolonial Colombia" , Soc. Sci. 2019, 8(7), 205; https://doi.org/10.3390/socsci8070205

- Structures and Mechanisms for Sustainable Participation in the Workplace: the Case Study of Cecosesola. A Soetens - 2015 - orbi.uliege.be

온라인 자료

- ICA. (2016). Coop philippines Figures. https://coops4dev.coop/en/4devasia/philippines#general

- CDA.Statistics. https://cda.gov.ph/cda-updates/statistics/

- CDA.Annual Report. https://cda.gov.ph/?s=Annual+Report+

- CDA. (2018). Revised Guidelines on Social Audit of Cooperative(MC 2018-01). https://cda.gov.ph/memorandum-circulars/mc-2018-01-revised-guidelines-on-social-audit-of-cooperative/

- CDA. (2020). NAC, SOAs and RCOs MC.pdf. https://cda.gov.ph/updates/cda-discuss-ga-meetings-nac-saos-and-rcos

- CDA. (2021). PERFORMANCE AUDIT REPORT (PAR) FOR COOPERATIVES(MC 2021-04). https://cda.gov.ph/wp-content/uploads/2021/03/MC-2021-04-ONAR.pd

- CDA, (2022). CDA Citizens Charter Handbook 2022 1st Edition. https://cda.gov.ph/wp-content/uploads/2022/01/CDA-Citizens-Charter-Handbook-2022-1st-Edition.pdf

- CDA.(2023).Basic Information On Cooperatives. https://cda.gov.ph/wp-content/uploads/2021/01/Brochure-Basic-information-on-cooperatives-2023.pdf

- PCDP(Philippine Cooperative Development Plan). (2018-2022). https://cda.gov.ph/philippine-cooperative-development-plan-pcdp/

법률자료

- Philippines Republic Act 9520. https://cda.gov.ph/issuances/republic-act-9520/

- Philippines Republic Act 11364. https://cda.gov.ph/publication_category/annual-report/

[3부]

- 박누리. (2021). 빈민의 주체적 공간재생산을 통한 주거 안정성 확보: 필리핀 마닐라 바세코 (Baseco) 지역 사례를 중심으로 (Doctoral dissertation, 부경대학교).

- 이철용. (2017). 스마일 타워빌. 사단법인캠프.

- 한국교회사회선교협의회. (1986). ACPO 평가회의 자료집.

- 한국주민운동교육원. (2000). 제1회 주민지도자 필리핀 주민운동 현장연수 자료집.

- 한국주민운동정보교육원. (2012). 주민운동의 힘 조직화.

[4부]

국내문헌

- 김한곤. (1993). 대학과 지역사회의 역할과 기능: 사회·문화적 측면을 중심으로, 영남지역발전연구 14권, 233-243.

- 김영미. (2021), 대학의 사회적 책임과 사회공헌활동에 대한 인식에 영향을 미치는 요인, 인문사회21, 제12권 1호, 3063-3073.

- 나강열. (2024). 지역사회 경쟁력 제고를 위한 대학의 역할. 월간 공공정책, 226, 68-70.

- 남경수, 채상현, 최미라, & 김경호. (2023). 필리핀 농업과 농축산물 교역 동향. 한국농촌경제연구원. https://repository.krei.re.kr/handle/2018.oak/30542

- 안정선, & 배진형. (2022). 지역사회에서 대학의 역할과 사회복지학과의 실행 과제: 서울시 N 구 지역사회 사회복지전문가 의견조사를 중심으로. 사회복지 실천과 연구, 19(2), 83-117.

- 이수열, & 박재흠. (2022). 대학 경영의 사회적 책임: 대학 교육의 사회·경제적 가치 계량화 모형과 사례. Korea Business Review, 26(3), 25-42.

- 이태희, 박소은, & 김태현. (2016). 일본의 대학-지역사회 협력을 통한 도시재생에 관한 연구: 요코하마시와 요코하마시립대학교 간의 협력 사례를 중심으로: 요코하마시와 요코히마시립대학교 간의 협력 사례를 중심으로. 대한지리학회지, 51(1), 57-75.

- 조찬래. (2016). 지역사회를 위한 대학의 역할. 사회과학연구 38.1, 65-75.

신문기사 및 웹사이트

- 농민신문. (2021, 7월 9일). 김해대, "RCEP 발효 땐 열대과일 '홍수'…국산 '직격탄'". https://www.nongmin.com/article/20210707341266

- 매일경제. (2023, 12월 13일). 손일선, "[손일선 특파원의 차이나 프리즘] 막대한 시장 앞세워 동남아서 '두리안 외교' 전세계 두리안 91% 먹어치우는 중국". https://www.mk.co.kr/news/world/10897599

- 민다나오 개발청 홈페이지. https://minda.gov.ph/about-minda

- 연합뉴스. (2023, 11월 22일). 신재우, "중국 두리안 사랑에 베트남 농장서 커피나무 퇴출". https://www.yna.co.kr/view/AKR20231110485 00009?input=1195m

- 이데일리. (2024, 6월 23일). 이소현, 두리안에 꽂힌 중국.. 동남아 은근히 긴장하는 이유[글로벌X]. https://www.edaily.co.kr/News/Read?news Id=01115206638924672&mediaCodeNo=257

- 조선Biz. (2023, 4월 25일). 이윤정, "[줌인] 대륙 홀린 '지옥의 향기'... 두리안 큰손 中 두고 동남아 국가들 각축전". https://biz.chosun.com/international/international_economy/2023/04/25/4NOGV2DH6VAHHLYQY2NBMVUV5U/?utm_source=naver&utm_medium=original&utm_campaign=biz

- 조선Biz. (2024, 7월 1일). 이윤정, "베트남 나가, 말레이 들어와"… 중국 '두리안 패권' 앞세워 동남아 쥐락펴락. https://biz.chosun.com/international/international_economy/2024/07/01/YJLQL7BQQBCWLCGA3FTBMQWYTU/?utm_source=naver&utm_medium=original&utm_campaign=biz

- 한·해양동남아 협력포털. BIMP-EAGA?. https://www.bimp-korea.org/about/about.php

- 헤럴드경제. (2024, 2월 26일). 김빛나, 중국인, 전세계 두리안 10개 중 9.5개 먹는다… 동남아 수출 경쟁. https://biz.heraldcorp.com/article/3331188

- 해럴드경제. (2024, 4월 9일). 이원율, "없어서 못 팔죠" 베트남에 1등 내준 태국… 요즘 중국에서 불티나게 팔린다는데. https://biz.heraldcorp.com/article/3365927

- ASEAN EXPRESS. (2024, 5월 20일). 조성진, 5월 20일 말레이시아 날씨… 폭염과 폭우로 두리안 수확 차질. https://www.aseanexpress.co.kr/news/article.html?no=9902

- BIMP-KOREA. BIMP-EAGA란?. https://www.bimp-korea.org/about/about.php

- Fresh Plaza. (2023, 8월 21일). Dole China launches new season Philippine Golden Puyat durian. https://www.freshplaza.com/asia/article/9550822/dole-china-launches-new-season-philippine-golden-puyat-durian/

- INSIDE VINA. (2024, 4월 8일). 장연환, 베트남 두리안, 태국 제치고 중국에 대한 수출 1위 등극… 역대 최초. https://www.insidevina.com/news/articleView.html?idxno=27180

- KIEP. (2024.6.7). 필리핀, 민다나오 분쟁 해결 임박… 투자 확대 및 안보 강화 기대감 커져. https://www.kiep.go.kr/aif/issueDetail.es?brdctsNo=366402&mid=a10200000000

- KITA. (2025.03.22). 필리핀, "2025년까지 경제성장률 7.5% 목표 설정" [Overseas Market News]. Korea International Trade Association. https://www.kita.net/board/overseasMarketNews/overseasMarketNewsDetail.do?postIndex=1845759&boardType=0

- MoneyS. (2023, 11월 22일). 우경희, [니하오베이징] 중국인이 두리안을 먹으니 한국의 커피값이 오른다? https://www.moneys.co.kr/article/2023112208052223797

집필자 소개

이상헌

한신대학교 평화교양대학/사회혁신경영대학원 교수로 재직 중이다. 주요 연구 관심은 물과 에너지에 대한 정치생태학적 연구이다. 저서로는 『탈성장도시와 에너지전환』(공편저), 『포틀랜드-로컬과 혁신이 만나는 도시』(공편저), 『위험도시를 살다-동아시아 발전주의 도시화와 핵 위험경관』(공편저), 『위험한 동거-강요된 핵발전과 위험경관의 탄생』(공저), 『세상을 움직이는 물-물의 정치학과 정치생태학』, 『생태주의』 등이 있다.

유한나

한신대학교 경영·미디어대학 글로벌비즈니스학과
사회혁신경영대학원, 일반대학원 사회적경영(협) 조교수로 재직 중이다. 경영학(SCM/MIS) 박사학위를 취득하였으며, 주요 연구 분야는 사회적경제, 사회적기업, 생산운영관리, 공급사슬관리 등이다. 대표 논문으로는 'A Systematic Literature Review of Women in Social Entrepreneurship(2022)', 'Research trends in digital transformation in supply chain based on bibliometric and network analysis(2023)' 등이 있다.

신수경

한신대학교 민주사회정책연구원 연구위원(정책학 박사)이다. 연구 관심 분야는 사회적경제, 사회적 자본과 커먼즈, 주민자치, 커뮤니티 발전 등이다. 주요 논저는 '전국 주민자치회 위원 추첨제 운용 실태 및 실효성 연구: 쿼터제를 중심으로(2023)' 등이며, 저서는 『포틀랜드, 로컬과 혁신이 만나는 도시(2021, 공저)』가 있다.

구가온

사회적경제, 문화 기획, 지역재생 등의 분야에 관심을 두며 학업과 활동을 이어왔다. 개인의 성장뿐만 아니라 공동체의 행복을 추구하며, 보다 나은 사회를 만드는데 기여하는 일을 찾아나가는 중이다. 현재 청년협동조합뒷북 이사장으로 재직중이다.

김서연

사람들이 살아가는 곳과 살아가는 방식에 대해 관심이 많아 자연스레 지역에 관심을 가지게 되었다. 친구들과 협동조합을 차려보고 한신대에서 사회혁신도 공부하며 지역이 어떻게 살기 좋은 세상을 만들 수 있을지 고민하고 있다.

양경애

세상은 모두 연결된 그물코와 같은 것이라는 철학에 이끌려 생명살림운동, 재사용 운동 단체의 실무자로 일하였다. 한신대 사회혁신경영대학원에서 공부하였고 현재는 강북구 사회적경제기업을 연결하고 지원하는 협의회 실무자로 일하고 있다.

오봉석

대학에서 정치학을 대학원에서 사회적경제를 공부하였고 여행너머 협동조합 이사장을 맡고 있다. 정치 국제 미디어 시사 여행 등 공공(커먼)의 이슈를 다루는 유튜브 채널 '오봉석의 커먼스TV'를 운영하고 있다.

우태식

한신대학교 컴퓨터공학 학사, 한신대학교 사회혁신경영대학원 도시혁신 석사 과정을 수료한 '도전하는 기획자'이다. 현재 '몽태'의 대표로서 베리어프리 원터치 방문손잡이 '밀당도어락', 페트병 링커터 '링컷'을 개발하고 홈페이지/앱 제자 서비스 '오오프콘'을 운영하고 있다. 이 외에도 AI/코딩강사, 그래픽디자이너, 시인, 만뎅퍼커션, '마블러스 뮤직' 공연기획실장, 사업경영전략 컨설팅 '퀀텀비' 팀장 등으로 활동하고 있으며 다양한 분야에서 사회에 기여하는 것을 목표로 활동하고있다.

이슬기

지속가능발전을 위해 중간지원조직에서 활동하며 사람과 지역의 이야기에 관심을 가졌고, 안산에서는 여성 노동운동에 힘을 보탰다. 지금은 각지에서 공익활동을 펼치는 활동가들에게 힘이 되고자 공익활동가 사회적협동조합 동행에서 함께하고 있다. 사람과 지역, 그리고 더 나은 세상을 위한 연결을 만들어가는 길에 서 있다.

장승은

전직 어린이집 교사로서 돌봄교사로도 활동했으며, 현재는 '요아정'의 매니저로 일하고 있다. 또한 자기계발 프로그램인 '아봐타마스터'로서 아이비센터를 운영하고 있으며, 은평마을화가이자 은평살림의원 회원으로 지역 활동에도 참여하고 있다. 한신대학교 사회혁신 석사과정을 이수하였으며, 밝은 지구 문명에 기여하고자 '사람들을 어떻게 도울 수 있을까'를 주제로 삶의 방향을 안내하는 사업을 펼치고 있다.

필리핀 사회적경제 연수 탐방에 함께한
한신대학교 사회혁신경영대학원 교수와 학생들
연수기간 _ 2024. 1. 29~2. 4.

도시혁신탐구3

필리핀 사회적경제에서 배우는 변화의 힘:
빈곤과 기후위기를 넘어 지속가능한 미래로

2025년 3월 25일 초판1쇄 발행

지은이	이상헌, 유한나, 신수경, 구가온, 김서연, 양경애, 오봉석, 우태식, 이슬기, 장승은
펴낸곳	여는길
주소	강원도 홍천군 구시울1길25
블로그	https://blog.naver.com/biggy94
이메일	biggy94@hanmail.net
출판등록	제2020-000001호
ISBN	979-11-985184-9-1(03320)

책 값은 뒤 표지에 있습니다.
잘못된 책은 구입하신 서점에서 바꿔드립니다.